心ひらく
ピアノ

――自閉症児と音楽療法士との14年――

土野研治

春秋社

増補版に寄せて

『心ひらくピアノ——自閉症児と音楽療法士との14年』の出版から十九年を経て、ここに増補版としてお届けいたします。

初版は二〇〇〇年（平成十二年）という〝世紀末〟に出版されました。今回、平成から令和へと年号が変わり、新たな時代を迎えた記念すべき年に出版されることを重く受け止めています。本書で紹介している松岡理樹《まさき》君は、来年五十歳を迎えます。私は六十五歳になり、大学勤務もひとつの節目を迎えます。初版からの十九年は、理樹君とレッスンを行った年月よりも長い時間が過ぎたことになります。

その間、二〇〇七年（平成十九年）に、私は、『声・身体・コミュニケーション——障害児の音楽療法』を上梓し、さらに二〇一四年（平成二十六年）には、『障害児の音楽療法——声・身体・コミュニケーション』と改題し、日野原重明先生の推薦文を戴き、増補改訂版として刊行されました。その際、「特別支援教育における音楽活動」「小児リハビリテーションとしての音楽療法——後天性脳損傷児の音楽療法」という新たな章を加え、その他にも入念に加筆修正を行いました。これをもって児童領域の音楽療法の基本的な考え方がより明確に伝えられたと思います。

本書は、一人の自閉症児と行った十四年間にわたるピアノレッスンの記録として書かれています。理樹君のレッスンでの様子や変容だけでなく、私自身の思いやレッスンを通して考えたことも記しました。その時々の社会状況や障害児者に対する考え方なども、書体を変えて述べられています。

理樹君と私は、十四年間のレッスンのなかで、合わせ鏡のようにして向き合い、お互いに触発し合いながら、《音楽》を核として時間を共有しました。一人だけで変容することはありません。共に変容するからこそ、新しい関係性が構築されていきました。こうして、二人の在りようと音楽の在りようとを〝読み物〟のかたちでまとめたのが本書です。

音楽を文章にすることは難しい作業でしたが、どのように書いたらその時の状況を伝えることができるか、読みやすく文章化することは私の命題となりました。専門用語をあまり使わないで表現することで、保護者や他職種の人にもわかりやすく伝えられると考えました。書いた文章を声に出して読むことで自分の文章を客観的に振り返ることができました。そのことが筆者の文章の息遣い（文体）も含めて、リアリティをもって読者に届くようになったと思います。同時に文章を書くことは非常に身体的な作業であると思い至りました。

理樹君とのレッスンは一九八六年（昭和六十一年）から始まりました。

私は、肢体不自由養護学校の教諭として勤務していましたが、その間、知的障害児と接する機会はほとんどありませんでした。毎回のレッスンは不安と試行錯誤の連続でしたが、幸いなことに、翌年から淑徳大学で、埼玉県長期研修生として、宇佐川浩先生のもとで一年間の研修の機会が得られ、それまでの実践を振り返り、新たな視点で子どもを捉える基盤となりました。障害の捉え方、発達的視点、学校教育の在り方など、毎日が目から鱗《うろこ》の新鮮な講義でした。

こうして、一九八八年（昭和六十三年）以降のレッスンは、少しずつ宇佐川先生の理論的背景をもって行うことができました。その後のレッスンでの基本的な考え方は、宇佐川浩先生の「感覚と運動の高次化理論」が軸になっています。

さらに、松井紀和先生が構築された心理療法としての音楽療法技法であるBED-MUSICも活用しています。松井先生が主宰されていた日本臨床心理研究所の音楽療法セミナーには一九八七年（昭和六十二年）からほぼ毎年参加し、貴重な時間を持ちました。後年、日本臨床心理研究所の講師となり、またBED-MUSICを含めた松井紀和編著『音楽療法の実際』（一九九五年、牧野出版）を執筆することになりました。大学に職を移してから現在まで、松井紀和先生のスーパーヴィジョンを継続的に受けていることは、音楽療法士としての大きな理論的・精神的な礎《いしずえ》になっています。

本書の増補部分では、理樹君と私の最近の様子とこの十九年の歩みを簡潔に紹介し、十四年間のレッスンを振り返り、そのレッスンの在りようを「音楽療法」として捉え直してみようと思います。

はじめに

十四年。

自閉症と呼ばれた理樹君とピアノのレッスンを始めたのは、一九八六年（昭和六十一年）の冬からである。以来、今日までずっと続いている。こんなにレッスンが長く続こうとは思いもしなかった。そして、理樹君のピアノが彼の表現や楽しみにつながろうとは想像しなかった。

理樹君は今年で三十歳。その半分近くの時間を共有したことになる。僕は一九七八年（昭和五十三年）から障害児教育に携わり、音楽を軸として子どもたちと過ごしてきた。現在注目されている音楽療法という言葉が、まだそれほど社会に普及していない時代であった。その間に子どもたちから多くの事柄を学ぶことができた。

十四年間を振り返ると、それはただ「えっ、もうそんなに……」と一瞬の出来事のように思える。ピアノに向かい連弾の形でレッスンを進めてきたが、大波小波は絶えず訪れた。

最初の三年は、それまで理樹君がレッスンを受けてきたバイエルや小品を止めてオリジナルの練習曲を作り試みた。一曲を仕上げるのに何カ月もかかり、僕の音楽や観念が先行し、決して楽しい時間ではなかったように思える。手拍子でのリズム模倣やピアノに合わせてジャンプを行い、レッスン時間を繋ぎながら「音楽の楽しみは何だろう」と試行錯誤の連続だった。

ある日『赤い靴』『川はよんでる』を理樹君が両手でメロディーを弾く姿を見て、「耳慣れた曲はよく弾けるな。音楽を楽しんでいるな」という思いに変わっていった。『ふれあい』『おもちゃのチャチャチャ』では、僕が伴奏を弾きながら音楽と理樹君と僕自身とが初めて一体になった気がした。レッスンを始めて四年以上が過ぎていた。その後は即興演奏を通して、その場の状況に適応する力を高めてこだわりを減らしていった。僕自身が少しずつ変わっていった。

「パーンパーン」頬や頭を強く叩いてパニックが起きたり、手を噛んで血が滲んだ時には驚いてピアノを止めてしまったが、しばらくして「弾いて」と声をかけたり、和音やメロディーを弾いて待っていると、途中から再び弾き始めるようになっていった。頬をつねられたり頭を叩かれながらも（叩き返したこともあるが）、お互いに相手を理解しようと音楽を共通の言葉として気持ちを伝え合ってきた。

これまでのレッスンは二百回を優に越え、レッスンした曲目は百曲を越えた。現在は『いとしのエリー』『北国の春』『時代』などレパートリーも大きく広がった。

養護学校から作業所へ理樹君の生活基盤は変わったが常に音楽が身近にあった。少年から青年へ心も身体も大きく成長し、「この曲が弾きたい」と自己主張もはっきりしてきた。

この十四年間を振り返ることは、僕自身を振り返る作業でもあった。いささか躊躇しながらも正直にその時々を書き進めていった。もともと文才に恵まれない浅学の身であるため、舌足らずの部分も多いと思われるが、そこは読者の皆さんの想像力をもってお読みいただければ幸いである。

目次 心ひらくピアノ

II 「練習」から「音楽の楽しみ」へ（15歳〜18歳）

III ピアノでの対話（19歳〜23歳）

IV　音楽への意志（24歳〜27歳）

V　今がいい時間になるように（28歳〜30歳）

心ひらくピアノ

自閉症児と音楽療法士との14年

理樹君のご家族に捧ぐ

I　出会い（14歳）

出会い

一九八六年（昭和六十一年）一月十八日の夕刻、川島町の野澤珪子先生から電話をいただいた。

「もしもし、川島町の野澤です。ご無沙汰してます。お変わりありませんか。突然ですが、実は幼稚園の時からピアノに興味を持っていて、小学四年からピアノを教えている自閉症の子どもにピアノのレッスンをお願いできないでしょうか」

「現在、中学二年生の男の子なんですが、川島町の特殊学級に通っているんです。バイエルは一〇〇番前後で、色音符でないと楽譜はわからないです。1と5の指がその位置にいればいいんですが、音階を弾く時に、1が他の指の下をくぐると、わからなくなってしまうんです」

「今までは週に一回土曜日に練習をしていたんですが、都合で他の曜日に変えることは、なかなかできなくて、家で暴れることがあるそうです。また練習中にわからなくなったりすると、急に手を噛んだり泣いたりするんです」

「ピアノは好きなようですが、一回の練習は今まで十五分が最高でした。お母さんは協力的に活動してくれます。東京の病院の診断では、現在ほとんど自閉はなくなっているとのことです」

「暗譜や中村佐和子先生の言葉の付いている曲も苦手なんです」

一気にこれまでの経過や現在の様子を話された。僕は「はあ」という言葉しか挟めなかった。

野澤先生は、母校国立音楽大学の先輩である。学生時代に和声学を教えていただいた中村佐和子先生から紹介され、川島町までピアノを教えに行った頃からの知り合いである。当時は幼稚園の先生をされていた。

「今まで、養護学校で肢体不自由の子どもは教えたことがありますが、自閉症の子どもは経験がないからどんなものでしょうか」

「とにかく一回、ピアノを聴いて下さい」

その声に切実な思いが感じられた。

「それでは、一回聴かせて下さい」

返事をしたものの、肢体不自由児とは異なる自閉症児のレッスンを考えると、胸に重い塊が残った。だが一方で、今まで接したことのない自閉症児とも係わってみたいという気持ちが強くあったのも事実である。

二月九日（日）四時、野澤先生、ご本人、お母様の三名で、場所の確認も兼ねてわが家に挨拶にみえた。レッスン室でお茶とお菓子を出すと、「先生、この次からお茶とお菓子がないと納得しないよ」野澤先生が笑いながら言われた。

彼は出されたお茶とお菓子を一気にたいらげて、部屋の中を見回していた。

その日、松岡理樹《まさき》君は不安げな顔をしながら上目使いでレッスン室に入ってきた。身体を左右に揺らし、両手の甲に傷が痛々しく残っていた。

「こんにちは」と手を出すと、いくぶん最後の「は」を強く発音し、僕の手を握った。掌には少し汗をかいていた。体格のよい坊主頭の少年という印象である。

「お名前は?」と聞くと、

「お名前は……」顔を僕に近づけて同じ言葉を繰り返す。お母さんが、「ま・つ・お・か」とゆっくり言うと、「まつおかまさきでしゅ」と口早に答えてくれた。名前を言ってから目をつむったり頭に手をやっている。

この日は、野澤先生が運転してきたが、途中で道に迷い、予定よりも一時間以上遅れて到着した。疲れもあるだろうし初めて会う緊張もあったのだろう。しかし、僕が思っていたよりも人なつこい印象が感じられた。バイエルの曲や中村先生の曲、そして音階を少し弾いてもらい、今までのレッスンの様子をお聞きした。

「少しずつレッスンしていきましょう」

と言い、この日は終わった。

初めてのレッスン

一九八六年（昭和六十一年）二月十五日（日）二時半

ご両親、理樹君、野澤先生が到着した。今日の運転はお父さんである。玄関からレッスン室までは細い廊下だが理樹君は一回来ているせいか足早にレッスン室に入っていく。レッスン室と言っても、僕の勉強部屋で八畳の洋間にグランドピアノと大きめのステレオ、壁一面の作り付けの本棚、それに小さい応接三点セットが置いてある。空いているところはほとんどない。

「こんにちは」と挨拶をする。お茶を飲んでから皆の見守る中で最初のレッスンが始まった。僕自身が緊張してくる。なるべく自然に接しようと思いはするが、いろいろな所に目が行ってしまう。

第一回目のレッスンの様子は、記録ノートを繰ってみると次のように書いてある。

一　ことば

・こちらの指示をおうむ返しに言う。

・ことばがかなり聞き取りにくい。

・文章としてではなく単語で言う。

二　行動

・やたらと鼻をすすっている。

・椅子に座っていられる。紅茶は砂糖の袋をあけてカップに入れるが、スプーンは使用しない。

・ピアノは十五分くらい集中して向かっている。

三　ピアノ

・バイエル

・カノンになると全く弾けない。

・指は立たず、一音ずつ押し込むように弾く。

・一定のテンポを保つことはできない。

・連弾では、こちらのテンポに合わせようとする。（速くなると合わせてくる）

・拍子感はあまりない。

四　模倣

・一音のみほぼ片手ずつ正確にとれる。

・二音〈右手〉三度音程は、かなり模倣できる。五度音程もできる。〈左手〉右手と同様。オクターブは届く。

・聴くことに関してはよい耳がある。

五　立位での手拍子の反応

・テンポの変化（速い・遅い）にはついてくる。
・指示された部位（身体）は、指示通りできる。
・身体を大きく左右に揺すり二分音符を表している。
・リズム模倣はできない。
音符は色音符でないとわからない。これは妹と一緒に書いている。

十年以上前の記録を読み直すことはつらい作業である。僕の記録がメモ程度でしかないことから、この記録を読んで、どのくらい理樹君のイメージがつかめるだろうか。それでも、いくつかの自閉的傾向と言われる子どもの特徴が見えてくる。

初めて会った時、「こんにちは」の最後の「は」を強く言ったり、「お名前は」で同じ言葉を言うことは、おうむ返し（エコラリア　反響言語）と呼ばれ、自閉症の子どもによく見られることである。話し方の特徴として、あまり抑揚がなく一本調子で、例えればコンピュータの音声のように聞こえる。

しかし、自閉症と言われながらも、僕の方を見たり一瞬ではあるが目を合わせることができる。握手にも十分に応じている。

音楽的にはどうだろうか。一人で弾いている時はテンポが速くなったり遅くなり、一定のテンポを保つことができにくいが、僕と一緒に弾くと、僕のテンポに合わせようとする。だいたいはマイペースになり、あまり伴奏に合わせられないことが多い。拍子感があまり感じられないのは、一本調子の話し方とも関係があるのではないだろうか。それが感情表現の乏しさにもなっている。

野澤先生が話されたように、ピアノが好きなことは、あまり顔を合わせないけれど、僕のピアノに合わせて手拍子をする姿や、音楽に合わせて身体を揺する様子を見てもわかる。人に対して興味を示さなかったり、自分の世界に閉じこもってしまうことはあまり多くないと感じられた。

「何とかできそうだ」正直そう思った。

「僕がピアノを弾くからジャンプしてみようか」と理樹君に促した。

スキップのリズムを中心に、軽やかな音でピアノを弾くと、理樹君は大きい身体を勢いよくジャンプさせた。そのジャンプがだんだん大きくなり、「ハヒハヒー」と声を出してきた。膝を突っ張らせるようにジャンプしている。部屋が揺れるほどの高いジャンプだ。顔が少しずつ赤らみ頬が緩んでくる。

「それじゃ今度はピアノに合わせて手拍子をしてみようか」と声をかけた。

理樹君はピアノに合わせて手を叩き始めた。身体を左右に軽く揺すりながら手拍子を打っている。

「理樹君、手を叩く時は叩いてから手で円を描くようにしてみようか。マルだよ」と見本を示してから、「それじゃもう一度やってみよう」

再び理樹君は手を叩き始める。ピアノに合わせて少しずつ円が描かれていく。

「そうそう……」

僕は自分の気持ちを落ち着かせるように言った。ピアノを弾いていると冷静さを欠いていく気がしてならない。

「じゃ次はこのリズムで叩いてみようか」と簡単なリズム模倣〈タン　タタ　タン〉〈ターンタタン〉を行なった。ピアノでドミソの和音でリズムを刻む。今度はうまく叩けない。後から考えるとピアノの和音でなく手を叩きながら、「タン　タン　タン」「ターンタタン」と、声を入れた方がわかりやすかったようだ。

ハ長調の音階を弾いてもらうと、ミファのところで指づかいを変えることが思うようにできずに、イライラしてくるのがわかる。親指から小指まで順番に弾いていくことはできても、指をくぐらして中指の次に再び親指を使うことは、まったくピアノを演奏する時の特殊な使い方で、日常生活にもないために確かに難しい。

「リズム模倣や音階なんかよりも、ピアノに合わせて身体が動かせるなんてすごいじゃないか。もっと深いところで音楽を楽しんでいるな」と思った。

レッスンの後、野澤先生とご両親と話しながら、理樹君には自分の名前や住所、電話番号をノートに書いてもらった。この日は約一時間半を過ごした。

「土野先生の名前は一回で覚えました」お母さんが言われ、僕は内心嬉しかった。

「ありがとう」理樹君にお礼を言った。ところがその後、「養護学校の先生の名前は家では言わないんですけれど」とお母さんは言葉を加えた。

複雑な思いが走る。僕も養護学校の一教員である。

「バイエルはもうやめましょう。理樹君に合わせた曲を作りますから。中村先生のカノンも今のところ少し休みましょう。はじめは両手で同じメロディーを弾くようにして、連弾しながらレッスンを進めていきましょう」と、今後のレッスンの方針を話しながら、

「なるべく早く楽譜を送りますから」

と約束してレッスンを終えた。レッスン後に記録を書きながら、身体に軽いだるさを感じた。それは初めてのレッスンの疲れもあるだろうが、自閉症と呼ばれる子どもとの係わり方に慣れていない僕の対応が適切だったのかという思いによる。理樹君はもっと疲れているのかもしれない、と考える気持ちの余裕は、正直な所その時は持てなかった。三月三日、僕は理樹君に第一番と二番の楽譜を送った。

一回のレッスンでもかなりの精神的集中を要する。特に初めての時は、僕も緊張する。相手の出方を見ているのだろう。これは障害児といえども同じである。自分を良く見せようとして精一杯努力してしまう子ども。お母さんが一緒の場合には、すべての行動をお母さんに確認する子ども。自分から一方的に話しかけたりするが、実は自分にはあまり係わらないでほしいと思っている子ども。まずは

子どもたちの示す言動や行動をそのまま受け止めること、同時にその背後にある事柄にも気を張りめぐらせなければならない。さて僕はその時どのくらい理樹君を理解できていただろうか。

理樹君とのピアノのレッスンを振り返る前に、ピアノという楽器の特性と自閉症と呼ばれる子どもとの関係を考えてみよう。

ピアノは誰もが知っているように鍵盤楽器に属し、音のよしあしは別にしても、鍵盤を弾いたり叩いたりすればとりあえず音は出る。音を出すという意味ではとてもわかりやすい楽器である。また音の美しさにかかわらず一定のピッチ（音の高さ）が保たれ、ヴァイオリンやチェロのように自分で音程を作る必要はない。反面、鍵盤が八十八鍵もあるので鍵盤を見て音を覚えることが大変になる。ただ自閉症と呼ばれる子どもの中には、一回見ただけで部屋に置いてある物の位置を記憶してしまったり、数字や特定の事柄に対する記憶が非常に得意な子どもがいる。なかなか人に対しては視線が合わせにくいけれど、瞬時にしてその場面や相手の様子を写真のように捉えてしまうのだろう。

また音楽的には、単音から複雑な和音まで弾くことができ、強弱、クレッシェンドやディミヌエンド等、ダイナミックな表現ができる。さらに音と音をつなげてメロディーを弾くことができる。そして何よりも、楽器自体が木でできていることが重要だと僕には思える。木は呼吸している。

では実際にピアノを弾く時の特性は何だろうか。

自閉症と呼ばれる子どもは、人と向かい合うことが不得意で、人が自分の前に立つと顔をそらしてしまったり、上体を横に向けてしまうことが多い。小さい頃おんぶや抱っこをされることを好まなかったと報告されることがよくあるが、それは身体を人に任せていくことや、人や空間を身体で受け止めることの苦手さによるものだろう。また行動の特徴として、歩く時にかかとをあげてつま先立ちで歩いたり、太鼓のバチを握る時も、指先だけで持とうとして掌全体でしっかり握れないことがよく見られる。これは足の裏や掌で外界を受け止める際、触覚があまりにも鋭敏なためではないだろうか。楽器演奏では、例えばコンガのように向かい合って叩くことは、はじめのうちは苦手である。その点ピアノ連弾では、二人が向かい合わずに並んで演奏するために、比較的人や空間を受け止めやすい場面を作ることができる。また先生がメロディーを弾いてモデルを示しながら模倣させたり、手首や肘、肩などに触れたり、ピアノを弾きやすいように手首や肘を支えることが違和感なく行える。さらにコンガやシンバルのようにリズム中心の打楽器と異なり、メロディーやハーモニーを弾けることが最大の特性である。

これらのことは、理樹君とのレッスンや埼玉県立越谷西養護学校の養護・訓練部（現在養護・訓練は文部省の学習指導要領では自立活動と名称が変わっている）に所属していた九年間の実践を通して学んだことである。

暗中模索の日々

さて、いよいよ本格的なレッスンが始まった。レッスンと言ってもただピアノをうまく弾くことを目的とはしていない。もちろんうまく弾けることは大切だが、ピアノを通して気持ちを発散したり落ち着かせたり、練習する中で待つことを身につけることなどが大きな目的だと考えている。そして一緒に演奏することを通して、共有した時間を持つこと、同じ空間に身をおくことが大切である。

しかし、これは十四年間を振り返って、今改めて思うことかもしれない。当時の自分にどれだけのことがわかっていただろうか。

三月十六日（日）二時

「まさきくん」「はあい」と先日送った一番を弾きながら歌いかけていく。四分音符でミレミ、ミファミ、ソファミ、ミレドである。その後二年近くは、この挨拶が理樹君とのレッスンの導入となった。僕は理樹君の表情や手の動かし方を見ながらテンポを決めていく。あまり速くなく、でも遅すぎず。♩＝九六くらい。はじめはテンポが安定しなかった。またピアノを弾きながら歌うことは

オリジナル曲解説

これまでに、たなかすみこ編・著『いろおんぷばいえる』上巻（シンコー・ミュージック）や安田進編『こどものピアノ名曲集・上』（全音楽譜出版社）、中村佐和子『ぷーくんぷくん』（春秋社）などでレッスンが行われていたが、14曲のオリジナル練習曲を作ってみた。14曲をいっぺんに作ったのではなく、１～２曲ずつレッスンを重ねる中で以下の曲を考えていった。

全曲の共通点は、①ハ長調であること。②８小節を基本とすること。③テンポやリズムを変えやすいこと。④ト長調やヘ長調などに移調しやすいこと。⑤指使いを意識させる。

これらは一つの弾き方（パターン）ができたらすぐに新しい要素を取り入れることにより、柔軟な対応や協応動作を高めること、自分自身と身体の気づきを高めることにつなげたいと考えた。以下、各曲の特徴と配慮事項を簡単に述べてみたい。第１曲から９曲までは色音符を使用した。

以下の14曲は、楽譜どおりに正しく弾くことは大切だが、リズム変奏や移調を行うことで、新しいことを受け入れながら気持ちを切りかえたり、その場面をより柔軟に適応していけるかが何よりも重要である。さらに、連弾という形態を取ることで、僕と理樹君とのやりとりや、肘や手首あるいは肩等に触れる等の身体的接触を通して、理樹君自身が自分の身体へ目を向け協応動作も高めてもらいたいと考えたものである。

第1曲

すべてが4分音符であり、1小節ごとに僕と理樹君が交互に演奏する。僕がモデルを示してそれを模倣する形で、「まさきくん」と呼びかけ「はあい」と答えるように作ってある。両手はユニゾンであるが、5本の指全部を使う。リズム変奏、タッチの変化（フォルテとピアノ）、ト長調・へ長調・ニ長調へ移調を行った。

リズム変奏

難しくなかなか声が出ない。
「先生の名前も呼んでくれる？」そう言ってから「土野先生」とモデルを示し歌ってみる。理樹君は「土野先生」と呼んでくれるが、その後に「はあい」と歌っている。一年近くは自分でも「まさきくん」「はあい」と両方とも歌ってしまい、挨拶の応答を順番に歌うことが難しかった。

　この単純なやりとりも、自分の役割を理解するうえでとても大切なことだと考えている。特に自閉症と呼ばれる子どもの場合は、エコラリアと呼ばれるオウム返しがあり、「元気ですか」と聞くと「元気ですか」とオウム返しに答える。また何か注意すると、「頭を叩いちゃいけないの」と言いながらも自分の頭を叩く子どもが多い。こちらが注意しようとする言葉をあらかじめ自分で言ってしまう。また独り言を一日中言い続ける子どもがいるが、自分の中にいるもう一人の自分との対話なのだろうか。自分と自分でない人の存在（他者）の区分けを明確にしてみたい。それも機械的でなく音楽を利用してみたいという考えにより一番を作った。理樹君の場合もエコラリアがあり、そこで少しでも自分と自分以外の人との「やり取り」をはっきりさせようと思い、まずは名前の呼びかけから始めたわけである。

次にテンポを遅くしてみる。何とか合わせている。次は音を弱めてピアニッシモ。
「まさきくん」声も抑えて歌う。今度はあまり変わらない。もう一度繰り返す。

まだあまり気づかない。三回目は唇に指を当てるアクションを加えてやってみる。「あ、気づいた」と思いながら理樹君を見る。

理樹君は鍵盤や僕の方を見るよりも宙を見ていることが多いが、それでも時折チラッと僕を見る。指づかいや音もそれほど難しくないのですぐ覚えてしまう。リズムはタンタンタンというリズムから付点四分音符や八分音符にして、ターンタタンのリズムに変えていく。次に呼びかけを止めてピアノだけにする。

あるリズムで弾けるようになったら、すぐ他の要素を加えていこう。これが僕の一貫した理樹君へのレッスンの理念である。柔軟性を持つことが大切だ。いわゆるパターンができたらすぐにパターン崩しが始まる。

これまでのピアノのレッスンとは方法が異なるのか、理樹君も混乱しているのだろう。時々手の甲を噛んでいる。

「じゃ立って。先生がピアノを弾いて、頭とか鼻とか言うから、言われたところを手で押さえてくれる。例えば……。口。ウーン次は肩。そうできるね」

と言ってから、僕は四拍子のゆっくりしたテンポでピアノを弾き始める。四小節ごとに音を止めて、「目」「耳」「おなか」「背中」など、自分の身体を意識してもらおうと考えた。

「膝はここだよ」

「肘」と「膝」の区別は難しく、僕は自分の膝に触れて見本を示す。理樹君は言われた部位を小さい声で言いながら膝に触れていた。これはその後、「頭と膝」のように二カ所を押さえるように発展させていった。

「じゃ、座って。次に二番を弾いてみようか」

僕はピアノを弾き始めた。

(あれ、オクターブで弾いている)

「もう一度弾くよ」

(左右の音が違うだけでも、やはり難しいのかな)

時間は一時間近く経っていた。理樹君は辛抱強かった。多分気を遣って僕に合わせていたのだろう。

四月二日(水)二時
一番は数回繰り返すと僕の所まで歌ってしまうが声を出しながら一緒に弾ける。ハ長調ではテンポも乱れず正確に弾けている。フォルテは弾けてもまだピアニッシモは「シー」という声かけとアクションが必要だ。リズム変奏は、シンコペーションでタターンタタンやタンタタタンも入れてみた。リズム変奏の応答は順調なのだが、問題は四拍目の四分休符だ。そこで気持ちを整えたり区切りをつけようと考えて休符を入れてみたが、どうしても音を切ることができなくてのびてしまい、次の小節にかかってしまう。フレーズの区分けが不明確になる。

（そうだ、三拍目で止まるようなタッチやリズムにしてみよう。四分音符でなく八分音符で終わらせよう）

いくぶん最後の音を強調するようにして、タンタタタ、タタタタタタのリズムで行ってみた。最後の音は手を鍵盤からスッと離すような動きをつける。

（この方がずっとわかりやすいようだ）

最初から方法はわからない、レッスンの中で見つけていければいい。

（今度はト長調でやってみよう）

「理樹君、次はこの音で弾こうか」と促して弾いていく。音をシーラーシ、シードーシ、レードーシ、シーラーソ、と弾いていく。理樹君は今度はチラッとではなく、僕の手を少し見ている。

「そうそう……」

さっきと音の高さや鍵盤の位置が違うのに気づき始めた。

「今度は立って先生の叩くリズムと同じように手で叩いてみよう。先生の真似をしてくれる？」と促す。一回のレッスンでは十五分ごとに内容を変えないと持続しない。

ピアノで弾くよりも手で叩く方が正確だ。リズム模倣は三連音符も行える。やはりピアノは音程がつくために複雑なのだろう。

［どのような速く複雑なリズムもできる］

その日の記録にはそう書いた。

「先生の弾くピアノに合わせて片足で立ってみようか」僕はピアノを弾き始め、弾きながら片足を浮かせる。理樹君は音楽に合わせて動き始めて片足立ちになった。できれば左右の足に重心を乗せ変えてほしいと思った。また理樹君の特徴でもある身体を左右に揺する動きも利用してみたいとも考えていた。

「こんなふうにやってみない？」と言ってから僕は見本を示す。部屋が狭いためずいぶん窮屈だが、できれば背中を真っすぐに伸ばしてほしい。よく見るとかかとがいくぶん浮いている。

「足の裏をしっかりつけよう」と言いかけるが、（これ以上言うとパニックになるかな。一度に多くのことを言っても混乱するだけかもしれない）と思い言葉を飲み込んだ。理樹君は音楽に合わせて身体を動かしている。

「じゃあ、次は手を上げてピアノの音と一緒に下げてみよう」

ピアノはソーミ、ファーレなどの下降の音型で弾いていく。ばんざいのポーズからストンと手を下げられずに途中で止めてしまう。手を上げる時に肘を胴体につけてしまうので、腕が伸びず手が高く上げられない。手を下げる時に「バタン」と声をかけてみる。ピアノは高音から低音までグリッサンドで一気に下降させ、最後の音をフォルテで強調する。この方が動きがスムーズになる。高音で時間をかけて手を上げた状態で待たせたりする。

手拍子は確かにリズムを再現するのには適しているが、それは手だけの運動で、さらにリズムやテンポを身体全体に刻み付けてほしいと考えた。片足立ちも重心を左右の足に乗せ変えたり、後で行う膝の屈伸運動では六拍子の一拍目に膝を曲げて身体を重力に任せたり、逆に四拍目に膝を伸ばして重力に拮抗させることで、自分の身体の中心や軸に気づいてもらいたいからである。学生時代にバレエ団で伴奏ピアノのアルバイトをしていた時、団員が同じピアノを聴いても動きが遅れてずれてくる。どうして人によってこんなにテンポの取り方が違うのだろうかと考えていた。知的障害児と接するようになって、この膝の屈伸は非常に重要な意味を持つと考えるようになった。

四月十三日（日）十一時

ピアノに向かい前回と同様に挨拶から始める。

「まさきくん」「はあい」の後に、リズムを変えて弾いていく。スタカートは手を高くあげて宙で待つように弾いていく。

「今日は何曜日」とピアノに合わせて聞いてみる。

「今日は何曜日」と理樹君。

「今日は、にちようび」と一言ずつゆっくりと発音して理樹君に言ってもらう。

「今日の天気はなんですか」「今日は誰と来ましたか」など日常の挨拶もリズムに合わせて歌いか

ける。音はラソラやラシラの二度音程にして、子どもの遊び唄のように歌いかける。僕は理樹君が答えやすいように一言ずつゆっくりと歌いかけて、一言ずつていねいに応答する。

（今日はト長調も順調に弾けた）

（ヘ長調にしてみよう）

ラーソーラ、ラーシ♭ーラ、ドーシ♭ーラ、ラーソーファ、とシの♭が加わり複雑さを増す。黒鍵を弾くことは慣れないためか、ふつうのシを弾いてしまう。

「よく見て」「よく聴いて」と声をかけて繰り返すとシのフラットは弾けるが、ドーシ♭ーラがドーシ♭ーソとなってしまい、ラの音を飛ばすことがある。先ほど弾いていたト長調の記憶が残っているのだろうか。

「楽譜や鍵盤を見て、音を弾き分けることをどう発展させていこうか」

これは僕の課題である。しかし、この課題もその後で発想を転換せざるを得なくなる。

この日、第一曲はだいたい弾けるようになった。しかし、ヘ長調、ト長調、ニ長調まで正確に弾くことができたのは、半年後の九月二十六日（日）になっていた。もちろんその間に二番やその他の曲のレッスンも行っている。

初めてのパニックに動揺する

五月十一日（日）十時半

「おはよう」声をかける。レッスンの前に和菓子をお茶と一緒に出した。理樹君が食べ始めると、「甘い物は家では食べないんですが」とお母さんが言われた。理樹君は僕に気を使ってくれたのか。食べ物を口に運ぶ時に、一応匂いをかいでみるのも自閉症と呼ばれる子どもに見られる行動の一つである。

「どお、美味しい？」

「おいしい」と僕の顔をのぞき込む。

第二番は曲の構造は一番と全く変わらない。基本は音を通してのやり取りである。しかし、一番のように両手が同じ音を弾くユニゾンの形ではなく、両手の音を変えて作ってある。これは六度音程をつけることでハーモニーへの導入の意味も含んでいる。もちろん色音符を用いた。六度音程は五度音程ほど厳格でなく、もっと自由性のある音程である。これもリズム変奏と同様にパターン崩しなのだ。弾く音を変えることによってこだわりを減らし、新しいものに柔軟に適応できるようにしたいという意図による。

一番の時のように、「よく見て、聴いて」と同じように始めてみたが、どうしてかなかなかうまくいかない。

「まず右手から弾いてみようか」

色音符なので色を見て音を探させる。

（音が探せた）

「次は左手」「よしよし」

片手で弾く場合、片方の手は頭に当てたり手の甲を鼻に近づけて匂いをかぐようにしている。

「先生の弾く音と同じ音を弾いてくれる？」

僕はまずラの音を弾いてみる。理樹君はすぐには見ない。

「もう一度弾くよ」

今度はちょっと見る。「弾いて」

理樹君は軽く触れるように鍵盤に指を運んだ。

「そうだね。じゃあ次」

シの音、「うまい」。レの音、「その通り」

「じゃ黒鍵も」ファの♯。

第2曲

理樹君との応答の形態は第1曲と同様だが、右手と左手を6度音程にしてハーモニーへの導入を考えた。5小節目からは右手はソからドまで左手はシからミまでの下降音型で5本の指を順番に弾くようにした。またソファミ・ミレドのように途中で一小節待つことで、先に行きたい気持ちを調整する意味もある。リズム変奏を行い、それにより各指の独立も心がけた。やはりト長調に移調していった。

リズム変奏例

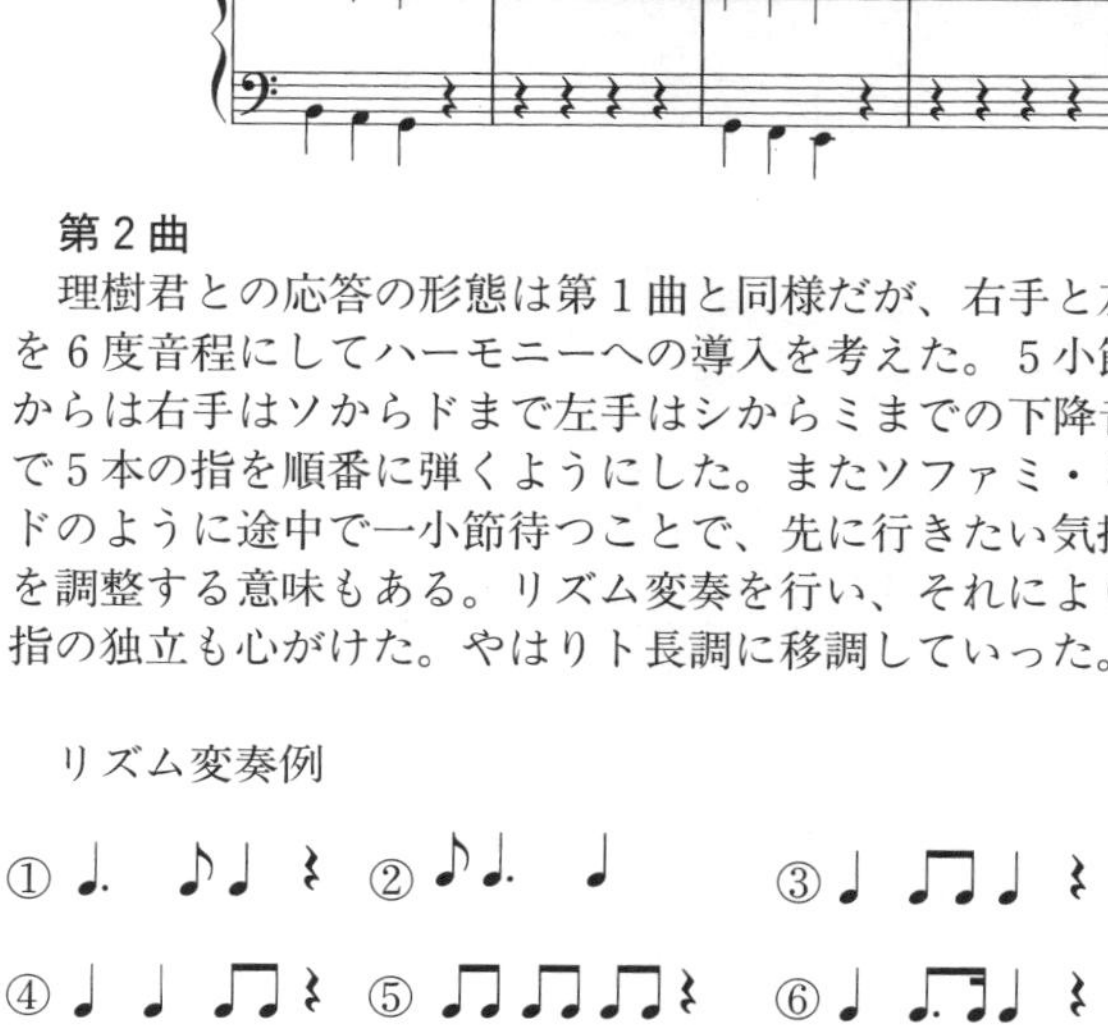

「あれ、もう一度」「そうそう」

だんだんと音を増やしたり、二音を同時に弾くように発展させていった。その間に「瞬間見る」だったのが、「少し見る」に変わっていった。二音と言ってもレとラを同時に弾くことと順番に弾く場合がある。この「一緒に」と「順番に」の違いを理解するには時間が必要だった。

「二番を両手で一緒に弾いてみようか」

だいぶスムーズになった。そこでリズム変奏を加えるとそれはできる。

「次はヘ長調でやってみよう」

レッスンを始めてから四十分が過ぎていた。八小節目の左手にドーシ♭ーラが出てくるが、そのシ♭がよく弾けない。理樹君は急にパーンパーンと自分の頭と頬を叩き始めた。

自閉症と呼ばれる子どもはパニックを起こすことが多いが、当時は何よりも情緒の安定を第一と考えていた。その時に考えていた情緒の安定とは、いかにパニックを起こさせないかということだった。もしパニックを起こしたらどう対処しようか。答えは見つからない。いやそれよりパニックを起こされたら困るな、という感情の方が強かったように思う。しかし、それではいけないということを理樹君のレッスンを通して考えるようになっていく。

（あ、パニックで自傷行為が出た）

パニックを出さないようにと考えていた気持ちが吹っ飛んで行く。それでも理樹君の手を押さえて、「もう一度やってみよう」と声をかける。すでに冷静さを失っているのは僕も同じだ。何度か頭や頬を叩く音が続く。一緒に来られたお母さんの気持ちを考えると何とか止めなくてはならない。本当は理樹君自身の問題なのだが、「申し訳ない」という気持ちはお母さんの方に傾いていく。

「二番をもう一回やろう」

少し落ち着きを取り戻して弾き始める。再び二番に取り組むが気が動転しているせいか、六度の音程がとれない。これ以上行っても混乱するだけかと考えて、この日はレッスンを終える。レッスン後も少しの間自傷行為が見られた。

「すいません。せっかく遠くから来て下さっているのに」とお母さんに言うと、お母さんは

「パニックは慣れていますから」

と言って下さったが、僕にとっては心痛む時間だった。本当はすべての気持ちの向け方は理樹君に行くべきだろうが、他の人からどう見られているのかという意識が僕の中にどうしても残る。誰のためのレッスンなのか。

この日の記録には、

・十五分くらいの間隔で別の課題を出す必要あり。

・途中で身体動作や動き（リズムなど）必要。

と書いた。

いかに集中時間を持続させられるか、音を通してやり取りが行えるか。方法は正しいのだろうか。課題は多く自問自答が続く。

僕の理樹君やお母さんへの「申し訳ない」という気持ちは、片道二時間以上もかけて来て下さることにも大きく関係している。理樹君の住まいのある川島町から我が家のある千葉県野田市までは、バスで川越まで出てそこからJR川越線で大宮まで出る。また野田線に乗り換えて川間まで。川間駅からさらに徒歩で十五分。その後、数年前からは車で来るようになったがそれでも片道一時間半はかかる。当時は一日がかりのレッスンだったという。それでもふだん外出する機会の少ない理樹君にとっては、外出する良い機会になるというご家庭の思いによる。

ここで、松岡理樹君と僕自身とを紹介をしておこう。

松岡理樹。一九七〇年（昭和四十五年）五月五日、父松岡丈夫、母シズ子の長男として埼玉県比企郡川島町に生まれる。昭和四十七年十月には妹さんが誕生する。一歳から歩きだし、ニャーニャー、ワンワンなど話す。パパ、ママ等の自発語はなく、「これ何」に対して答えるのみ。二歳半くらいから言葉がしだいになくなりキーキーと奇声をあげながら家中を駆けずり回り、ベッドに寝ている妹さんの上に馬乗りになっても平気であった。乳児期に話していた言葉はなくなり、屋根の上などの高い所へ登ったり、水と砂の感触遊びがほとんどであった。昭和四十九年、川島町立伊草保

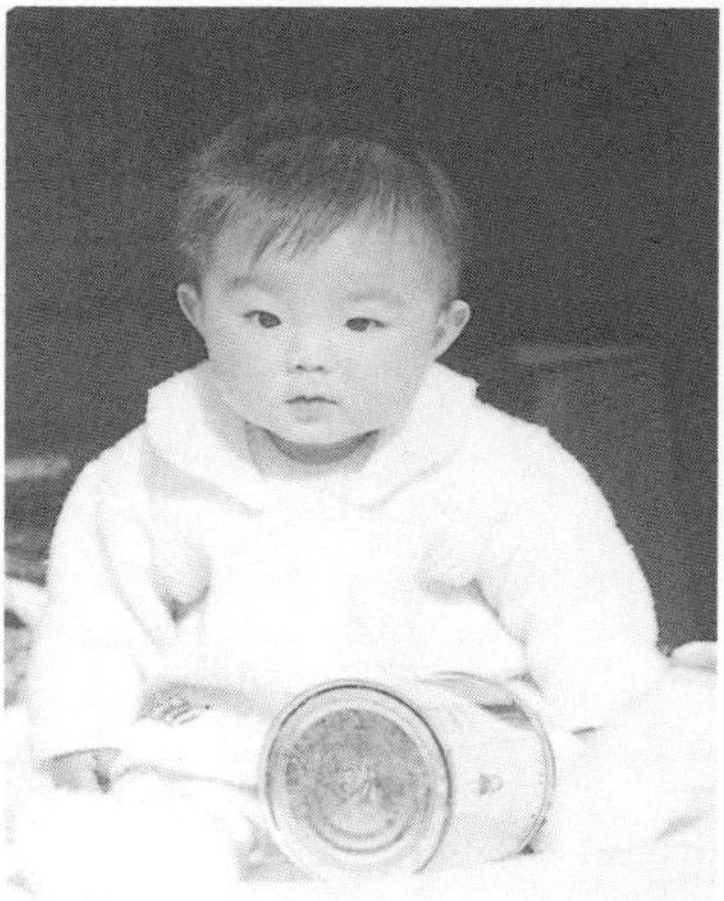

（上）赤ん坊のときの理樹君（下）小学生時代（10歳）

育所に上がっても、仲間たちに全く関心を示すことなく保育所での昼寝もできなかった。規則正しく生活することが昼夜を通して難しく、食事ではかなりの偏食があった。

小さい頃に話していた言葉が次第に減り、全く言葉を発しなくなることや高いところへ登ってしまうことは、自閉症と呼ばれる子どもを持つお母さんからよく聞くことである。また砂遊びや水遊びのような感触遊びに没頭することや自転車の車輪を回し続けることなどもよく聞く。乳幼児期におんぶや抱っこを嫌がったりすることも多い。これらは人との係わりの面にその後大きな影響を与える。また自閉症と呼ばれる子どもの物との関わり方や身体の動かし方を見ていても感じる所である。

川島町立川島幼稚園でも周囲に関心を示さない状態が続く。その間に病院や多くの教育機関へ相談に出かけている。都立梅ヶ丘病院では遊戯療法を受け、その後筑波大学（当時東京教育大）の小林研究室で行動療法を受けて椅子に座っていられるようになった。そして川島町立伊草小学校の特殊学級に入学、その後川島中学校へ進学する。卒業時に担任の先生からも勧められて就職を希望し、在学中から地元川島町のせんべい屋さんで実習を行った。実習には担任の先生や夏休みには母親が付き添った。

就職に必要なのは仕事を覚え作業能力を高めることはもちろんだが、仕事を継続する体力と、最終的には対人関係である。養護学校高等部の卒業生は対人関係や情緒面で職場との関係を悪くする場合がある。職場や作業所で言われることは、「仕事は私たちが入ってから教えるので、学校では挨拶や基本的な生活習慣、情緒の安定と対人関係をしっかり身につけさせて下さい」ということである。これらの課題に音楽が少しでも役に立てないだろうか。

作業は繰り返しの実習で身につけていったが、なかなか対人関係が難しく就職には結びつかなかった。その後埼玉県立川越養護学校高等部に入学する。中学校の特殊学級とは学校の規模も違い、情緒的に不安定になることが多く、小・中学校時代に比べてパニックが増えたという。

情緒的に課題を持つ生徒は、集団活動にはなかなかなじめず慣れるまでに時間を要する。知的障害の養護学校ではどうしても集団活動が基本になるが、保護者からはできるだけ細かい個別の指導も望まれている。

中学校の卒業時から母親が中心となって作業所作りの運動を始めた。その甲斐あって川島町福祉作業所「のびっこ」が高等部卒業と同時に誕生する。現在、理樹君の通所している作業所である。当初は農作業が中心であった。

保護者の願いは何よりも子どもたちが地域で生き生きと暮らせることである。自分たちが亡くなった後のことを常に考えている。肢体不自由養護学校に勤めていた頃、家庭訪問で「この子と一緒に死のうと思いました」とよく聞いていた。

音楽は幼児期より好みコロムビアのテントウ虫型のレコードプレイヤーでよく聴いていた。ポンキッキや童謡が中心だが、針が摩耗するほど聴き込み、何度か針を買いに行かなくてはならなかった。ステレオプレイヤーは二台目が必要なほど良く聴き込んだ。ピアノの野澤珪子先生は幼稚園時代の担任であり、オルガンの音が流れているときには、動き回ることはせずじっと聴いているので、理樹君との係わりを音楽に求めたのだろう。小学校四年から野澤先生にピアノを習い始める。出会いとは不思議なものである。

土野研治。一九五五年（昭和三十年）十月七日、父土野正、母清子の次男として東京都台東区に生まれる。二歳違いの兄がいる。洋品店を営む家庭に育つ。両親、親戚にも音楽をたしなむ者はいない。音楽との出会いは台東区立入谷幼稚園の時だった。幼稚園にあった足踏みオルガンに魅せられた。家に帰るとちゃぶ台でオルガンを弾く真似をしているのを、親が見かねてオルガンを買ってくれた。東京駅八重洲口にあった楽器屋まで中古のオルガンを父と買いに行った記憶がある。また当時、上野学園大学の学生だった佐藤美佐子先生にピアノを習いに行かせてもらったが、兄の入院

中学生になった理樹君。
著者とのレッスンが始まる頃

25歳の著者。歌を第一と考えた頃。理樹君との出会いは6年後のことになる

で送り迎えができなくなりやめてしまった。幼稚園の時は絵入りの七十八回転のレコードで一寸法師やクリスマスソング、童謡などを聴いていた。佐藤先生の家で発表会があり、先生との連弾や、歌も歌った記憶があるが、何の曲だったのか覚えていない。先生の家のピアノはワインレッドのアップライトで、オルガンに比べればずっとよい音だった。その後小学五年から一年間ほど再び佐藤先生にピアノを教えていただいた。

台東区立坂本小学校に入学し、小学四年生の時、音楽の新澤和子先生から勧められて、NHK東京放送児童合唱団の入団テストを受けることになった。一緒にテストを受けた友人二名も毎日放課後残されて練習を受けた。歌ったのは『村の鍛冶屋』。当時は児童合唱全盛期で確か五次試験まであったと記憶する。二次試験が終わると夏休みの二週間くらい、午前中に当時内幸町にあったNHKで集中訓練があり、コールユーブンゲンや発声の練習を行った。その後三次試験が行われ、最終試験は面接だった。通信簿も持っていった。コールユーブンゲンは大の苦手だったが何とか合格した。学校で一人だった。この合格のお祝いに両親はアップライトピアノを買ってくれた。僕の好きな道に進めたことや、それを許してくれた両親には心から感謝している。

このNHKでの多くの経験が僕の一生を決めることになる。しかし、小さいころの僕の憧れの歌手は畠山みどり。あの袴と扇子に魅せられたのか。浅草の国際劇場に畠山みどりショーを見に行った。台東区立上野中学校に入学し、国立音楽大学附属高校から国立音楽大学声楽科へ進学する。声楽は西内静先生。西内先生退官後は長井則文先生。現在は西内先生のお嬢様、西内玲先生にもご指導をいただいている。高校受験では、NHKの先輩で芸大声楽科出身の宗形かつゑ先生にピアノと聴音を教えていただいた。しばらくしてピアノは当時芸大附属高校で教えていらした堀江孝子先生に師事することになった。それは厳格な教え方だった。いつも練習不足で破門寸前だったが、全く基礎ができていない状態でよく弟子にしていただけたと思っている。特にハノンはいくつかのタッチ（テヌート、リズム変奏、マルカート、レガート、スタカート）を隣に座って一つ一つ丁寧に教えて下さった。この経験が理樹君とのレッスンにも反映されているように思える。特にテヌートでは手首を緩めて（手首を抜くと表現されていた）腕の重みで弾いていった。これがどれほど自然の理に適っているかはその後肢体不自由児と接して改めて思い出された。

大学で声楽を学び卒業時には大学院受験と教員採用試験をかけていた。大学院への希望が強かったが、それでも声楽は何よりも素材が良くなくてはいくら努力しても先は見えている。大学四年の秋、大学院受験にあたり畑中良輔先生に、「自分の声に才能がなければ、歌を止めるつもりなので聴いて下さい。そして才能がなければはっきり言って下さい」とレッスンをお願いした。レッスン曲はヴォルフの歌曲数曲、それにハイドンとメンデルスゾーンのオラトリオから二曲だった。二時間近くのレッスン後に、「チャーミングな声だと思う。続けた方がいいと思う」とおっしゃった。この言葉がその後どのくらい支えになったかわからない。学校勤めとともにレッスンを続けられたのも、畑中先生の障害児教育に対するご理解と励ましがあったからである。感謝の言葉しか見つからない。

昭和五十三年に国立音楽大学を卒業し、最初に勤務した学校が、埼玉県立越谷養護学校という肢体不自由児の通う養護学校であった。それまで車椅子を押したこともなく、何をしてよいのか全くわからなかった。「この子どもたちに音楽を教えることができるだろうか」と正直思った。高校生の頃、中央線の中でダウン症の子どもたちを多く見かけたが、今思えば都立立川養護学校の生徒だったのだろう。さらに僕の障害児教育の出発が肢体不自由児であったことは幸運だった。それは知的障害の養護学校に移ってから痛感することになる。また理樹君のレッスンでも強く感じたことである。

「理樹君に適した曲を作ります」と言ってはみたが、知的障害児や自閉症と呼ばれる子どもと接する機会がほとんどなかったために、自分勝手なイメージで障害児像や理樹君像を作ってしまったかもしれない。

現在の理樹君が明るくピアノに向かう表情を見ていると、当時どんな思いでレッスンに向かっていたのかと思う。それは暗中模索だった僕自身にも言えることだ。

身体感覚へのアプローチ

五月二十五日（日）十時半

「まさきくん」「はあい」「つちのせんせい」「はあい」といつも通りの挨拶から始まった。僕は「まさきくん」と歌いかける時に理樹君の鼻に指で軽く触れ、「つちのせんせい」の時に僕の鼻を理樹君に触れてもらって役割をはっきりさせようと考えた。でも彼は全部を歌ってしまう。

「今日は、三番を弾いてみようか」

三番は前回から練習を始めた曲だ。四分の三拍子。右手は四分音符でドミソ　ドファラ　シレソ　ドミド　の主要三和音でメロディーが作ってある。次の四小節も同じ和声進行だがメロディーは変えてある。左手は最後までドーーと付点二分音符で弾き続ける。

「右手でだけ弾いてみようか」

「ここは3の指で弾いてみよう」

理樹君は一音ずつはっきりと弾いている。指先にも手首にも力を入れて、鍵盤を押し込むように弾いていく。

「じゃあ左手を弾こうか」

「そうそう、ドーー　ドーー」

「先生が左手の所を弾くから、理樹君は右手でメロディーを弾いてくれる？」

僕は楽譜どおり付点二分音符でドーー　と弾いていく。

「そうだね……。もう一回」

今度はドドドと理樹君に合わせるように四分音符にして弾いてみる。

「この方がテンポが取りやすいね」

手拍子ではピアノに合わせることができても、自分一人だとテンポが揺れてしまう。理樹君にリズムやテンポをより確実に刻まなければならない。

「それじゃ左手だけ弾いてみて」

理樹君は左手を鍵盤に乗せて、ドーー　ドーー　と弾き始める。

「うん、とってもいいけど、あんまり小指を寝かさないで、指先で弾いてみようか」

僕は理樹君の小指を鍵盤に立てさせる。どうしても小指を寝かせてしまい、親指が上を向いている。

「あれっ、ずいぶん爪が伸びてるな。理樹君、この次までに爪を切ってきて。そう、指の先で弾いてみようか」

理樹君は少し小指を立てて弾き始める。

「そうだね。ここで弾くようにしよう。右手も同じだよ。これできるかな」

僕はピアノの蓋を閉めてげんこつの手を乗せる。「やってみて」

理樹君も同じようにピアノの蓋に両手を乗せる。「ここを動かしてみて」

手首を軽く上下に動かしてみる。

「ここだよ」僕は理樹君の手首に軽く触れる。手の甲に汗をかいている。

第 3 曲

1 小節ごとの僕との交互の演奏から、一人で 8 小節を弾くようにした。ここでは両手の同じ音型から左右別の音型を作った。左手はすべてドの音で付点 2 分音符を弾き続けるゲネラルバスである。右手は 4 分音符のリズムを刻んで行く。ⅠⅣⅤのハーモニーを中心にメロディーを作った。2 小節ごとにクレッシェンドやデクレッシェンドをつけさせる。へ長調やト長調に移調を試みた。

リズム変奏

①♩. ♪♩　②♪♩. ♩

「これはできるかな」今度はげんこつをピアノの蓋に落とすようにする。

「もっと力を抜いていいよ」

理樹君は途中で手をとめてしまい、なかなか蓋の上に手を乗せられない。手は頬や頭に持って行くこともある。

「先生の手に乗せてくれる?」

理樹君は手を近づけてくるが、乗せるといるよりも何か浮いているような感じだ。

「ストーンと落ちるような感じだよ。もう一回やってみるよ」

このストーンが意外と難しい。触れることとまた違う。今度は太ももに腕を落とすようにする。

「見てて」

理樹君は同じようにやってくれるが、周りを眺めたりして、もう飽きているのがわかる。

「三番をもう一回弾いてみよう」僕はピアノの蓋を開ける。

「今度はこのリズムで弾いてみようか」

ターアンタタン　ターアンタタンと付点音符にする。「いいね」だいたい弾けている。

「先生がドーーって弾くから、それに合わせて右手を弾いてね」

理樹君のテンポに合わせて弾いていくが、三拍目から一拍目に移る時に遅れることがある。

「だいたい弾けてるかな。それじゃ、このリズムはどうかな」

タターアンタン　タターアンタンのリズムにする。このシンコペーションのリズムのターアンが短くなってしまう。僕はドの音を四分音符にしてリズムを刻む。はじめの八分音符が長くなったり逆に短くなる。僕は理樹君と同じリズムでドを弾いていく。

「やっぱりこの方が弾きやすいね」

「じゃあこれは」

僕は音を軽く切って弾いてみる。

「これはスタカート」。「スタカート」と理樹君は繰り返す。手首から手を鍵盤に落とすようにする。理樹君の手首に触れて、「ここから落としてみて」と声をかける。これは軽くて良い音が出る。ピアノの蓋にストーンと落とすよりもわかりやすいようだ。

「スタカートで弾いてみよう」

僕は理樹君の手首に軽く触れたり空中でげんこつで、おいでおいでをするようにする。

「そう音を切ってみよう」

理樹君は手を鍵盤に落とすよりも、逆に鍵盤から手を自分の方へ引き戻すような感じで弾いている。

「そうだね」

「この音から弾くから聴いてて」

へ長調に移調してメロディーを弾いていく。シ♭をいくぶん誇張するようにメロディーを弾いていく。

「どうかな、少し曲の感じが違うかな。ここからだよ」ファを弾きながら言う。

理樹君は戸惑いを見せながらもファの音を見ている。

六月八日（日）十時半
僕は理樹君がピアノに飽きて集中力が欠けそうになると、ピアノをやめて椅子から立たせスキップのリズムでピアノを弾き始める。

「ピアノに合わせてジャンプしようか」

理樹君は顔を赤くしてジャンプしている。ピアノを大きく弾くとジャンプも大きくなり頭が天井につくかと思うほどだ。急にピアノを止めると理樹君はすぐジャンプを止められる。そして跳ねるようにして僕に顔を近づけてくる。それでも気持ちが高まり過ぎると、ピアノが止まってもジャンプを続けることがある。その時は再びピアノを弾いて、理樹君の様子を見ながらピアノを止めることを繰り返していく。時には「ジャンプを止めて」や「ピアノを聴いて」と声をかける。

「今度はピアニッシモ」

理樹君はジャンプの勢いを弱めている。ほとんど上体だけの動きだ。

「先生のピアノのリズムを叩いてくれる？」

まだジャンプの勢いが残っていて、僕に顔を近づけたり、上体を揺すっている。

「よし、まずはこれで」ゆっくりしたテンポでピアノを弾き始める。ターーーンターーーン。全音符でテンポはアダージョ。理樹君は、手を擦り合わせるようにリズムを取る。

「もっと大きく手を動かしてみよう。手で大きなマルを描くようにしてみよう」

僕はピアノの椅子に座りながらモデルを示す。「そうそう、大きく動かすんだよ」

理樹君は手を大きく動かし始めるが、肘を脇腹につけている。「少し肘を身体から離そうか」僕は肘を張るようなポーズを示す。

自閉症と呼ばれる子どもは、指先の細かい作業が得意でも、腕を回したり身体を大きく動かすことが苦手な場合が多い。体幹に手や足を近づけている状態から少しでも離れて、手や足を自由に動かせるようにさせたいと考え、まず肘を脇腹につけないようにして手拍子でリズムを取っていく。

「肘を身体から少し離そうね」

少しよくなる。

「それじゃピアノを弾こう。今日は四番だね」

二分の三拍子。その意味は理樹君には難しい。四分の三拍子のように弾いていく。

「これはハ長調だよ」と言うと、「はちょうちょう」と何度か繰り返して言う。僕は楽譜に「ハちょうちょう」と書いた。

四小節はどうにか弾けている。

「ここで指を1に変えるんだよ」

四小節目の終わりがレで五小節目はミから始まる。その時に指を2から1に変えてほしい。1にしないとその後のメロディーが弾きにくくなるが、どうしても2―3となってしまう。時間は四十分近く経っていた。

七月六日（日）十時半

「明日は七夕だけど、願いごとは何か書くのかな?」

お茶を飲みながら聞いてみる。理樹君はニコニコしながらお茶を飲んでいる。上目使いで僕の方を見ている。

「やりましょう。楽譜を持ってきて」

「まさきくん」「はあい」とピアノと声でいつもの挨拶から始まる。

「四番の楽譜を出してくれるかな」

楽譜をピアノの譜面台に広げてもらう。

「今日は五小節目から弾いてみよう。1の指からだね」

ミファソ　ファソラ　シラソ　ドーー　と指使いもスムーズに弾いていく。

「最初から全部続けて弾けるかな。あっそうだ。その前にここから弾いてくれる?」

四小節目を指さす。理樹君は戸惑っている。

「じゃあ三小節目からにしよう。ここから。えーとミファソから」

ゆっくり弾き始める。やっぱりレミの所で止まる。指を変える所だ。

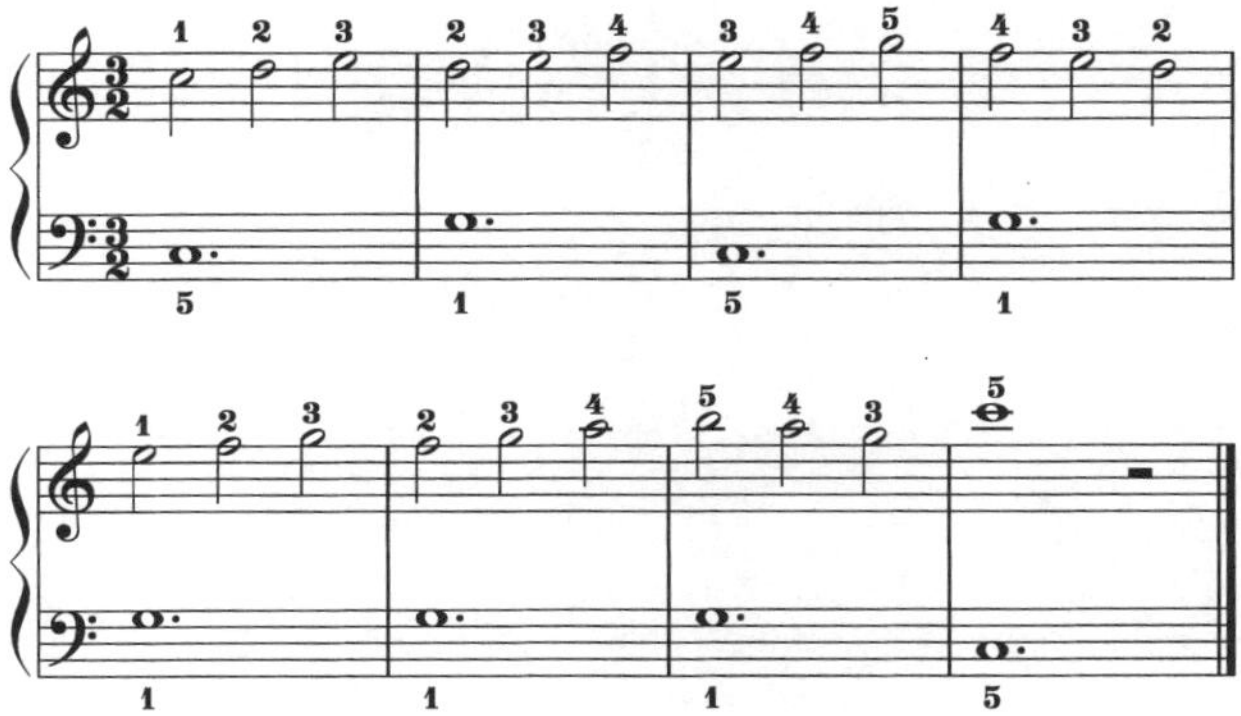

第４曲

指使いに気持ちを向けてもらおうと、123―234―345―432というように音階を中心に作ってある。左手は第３曲のゲネラルバスから少し難しくなりドとソの２つの音で作ってある。右手のメロディーは指使いが同じでも始まる音が変わり、同じことに新しい要素を入れてある。リズム変奏ではメロディーに付点をいれたり、左手は４分音符で弾くことも行った。左右のリズムを微妙にずらすことは意外に難しい。

「それじゃさ、レで一回手を上に持ち上げようか」と言ってモデルを示す。ファミレッというようにレをスタカートにして少し腕を鍵盤から離す。そしてミを1で弾く。

「やってみよう」

僕は理樹君の手をレの後にスッと持ち上げる。「もう一回」数回繰り返す。理樹君は鍵盤から手を離すことは理解してくれたようだ。手を持ち上げながら「次のミの音を1の指にして」と言う。

「そう1で弾けたね」

1になればあとはメロディーがスムーズに弾けるようだ。「ここで手を鍵盤から離そうね」と言って四小節目の所に↑、五小節目には↓と書いた。五小節目には親指の絵も描いた。

「はじめから弾いてみよう」

四~五小節目に変わる時に僕は理樹君の手首を軽く触れた。理樹君は高く手を持ち上げる。

「指使いはこれで大丈夫かな」

「左手も一緒に弾くよ」

この日は両手を合わせて弾いてみた。三番のように左手を右手のリズムに合わせるように弾いていった。左手はずっと同じ音ではないので多少の混乱はあるが、ドとソしかないのでそれほど弾きにくくはなさそうだ。

四番はこの日で弾けるようになっていた。

「五番の楽譜あるかな」

第５曲

右手は付点２分音符でドミソの和音を弾き続け、左手がメロディーを担当する。指使いの柔軟性を考えた。７小節目からは、ソファミレドで５本の指を順番に使えるようにした。３拍子だが４分音符と８分音符を組み合わせて２拍子にもできる。右手を４分音符にしてメロディーのリズムに合わせて弾かせた。

リズム変奏

理樹君は「五番、五番」と言いながら手を頭に触れている。

「これかな」僕は楽譜を出す。六月八日からレッスンをしている四分の三拍子の曲だ。右手は付点二分音符でドミソの和音を最後まで弾く。

「この前は右手だけ練習したね。もう一回弾いてみようか」

指使いを１３５にして弾いてもらう。理樹君は指を鍵盤に押し付けるようにして弾いていく。

「そうだね、もう一回。三つずつのばすんだよ」ピアノを弾くたびに「１２３」と声をかけていく。

「これはできるかな」ピアノの蓋を閉める。

僕は前にやったように両手をげんこつにしてピアノの蓋にのせる。

「ちょっと見てて」げんこつのまま手首を上下に軽く動かす。

「やってみようか」理樹君は僕の顔をのぞき込みながら両手を出す。

「ここを動かすんだよ」僕は軽く理樹君の手首に触れる。「手首だよ」「手首、手首」

「そう上と下に動かしてみよう」

まだ手首に気持ちが向いていないようだ。

「先生もやるからよく見てね」

手の甲が汗ばんでくるのがわかる。理樹君はまだ手首に力を入れている。

「そうだね、ここを考えて。……」

「よし、じゃあさ今度はこう動かせる？」

手を蓋に置いたまま手首を外側に軽く回していく。

「理樹君、真似してくれる」

理樹君は手首や肘に力を入れてしまうが動かす方向はわかってきたようだ。数回繰り返してから
「うん、そう」ピアノの蓋をあける。

「じゃ、もう一回右手を弾いてみようか」

さっきよりいくぶん手首の力が取れたように見えた。

「次に左手を弾いてみよう」

左手はドソミ　ドラファ　シソファ　ミーのメロディーで、ドソ　ドラ　シソの音の跳躍がある。親指と小指をしっかり使うことで手の形を整えようと考えた。またソファミやソファミレドのように、指を順番に使うようにもなってる。

「…ソ……　…ラ……　…シ……」と所々声をかける。

「ここは１２１　２３４５の指で弾いてみよう」六〜八小節目に数字を書く。

「だいたい弾けたかな。右手を四分音符にしてタンタンタンの左手と同じリズムにしてみよう」

「じゃあいいかな。イチ　ニイ　サン」

僕は理樹君の右手を軽く触れて左手のリズムに合わせるように上下に動かす。

「ここはタンタンタン　ターーって三つのばすんだよ」四小節目と八小節目を指さす。

「もう一度弾いて」今度は手首から手を離し理樹君に弾いてもらう。

「だいたい弾けていたかな。音が飛ぶところを注意してね」

曲を重ねると少しずつではあるが、今までつっかえていたり弾きにくかった所も短い時間で弾けるようになってきた。

「五番までできたな」そう感じた。

その後五番は、九月には左手のリズムをタータタン　タータタンに変えて弾き、十二月にはタタタタタと八分音符でそれぞれの音を二回ずつ弾くなど応用していった。

これまでユニゾンから和音へ移行しながらピアノで僕と挨拶をしたり、僕との対話形式から一人で弾くように変えていった。また左右どちらかを同じ音で弾きながらメロディーを弾いた。このように段階的に音楽や手の使い方を考えてきたが、この先どうやって展開していこうかと期待よりも不安の方が大きく、先の見えない複雑な思いが僕を取り巻いていた。

ビートを刻む

「まさきくん」「はあい」と、僕はピアノを弾きながら歌いかける。これが昭和六十一年から始まった理樹君とのレッスンの導入である。音はラーソーラで始まった。スキップのリズムに合わせて呼びかけていく。シ♭ーラ♭ーシ♭と半音ずつ変えていく。理樹君は決して大きな声は出さないが返事ができた。

レッスンを始める前に理樹君と二つの約束をした。一つはピアノを弾く前に洗面所で手を洗ってくること。もう一つは、「お願いします」「ありがとうございました」の挨拶をすることだ。握手で行うこともあるが、それよりもきちんと僕を見て言ってもらう。長く目を合わせることは日常生活ではあまりないが、伝えたいことがある時には目を見るようになってきた。挨拶は今も始める時に「ありがとうございました」と言うことが多い。

七月二十日（日）十時三十分

さあ、レッスン開始。いつも通りの挨拶。

「七夕も終わったね」と言って「たなばたさま」を弾いていく。

「歌ってもいいよ」と言ってみるが声はほとんど聞こえない。唇を微かに動かしているから理樹君は歌ってくれているのだろう。

「六番を弾いてみよう」前回からレッスンを始めた曲だ。

家では妹さんに音符に色を付けてもらっている。

「指を鍵盤の上に置いてみようか」

この曲は五本の指を順番に全部使って、しかも左手から右手にメロディーを繋げていく。そして一拍休み。左手でドミソ、右手でソミドを一音ずつ弾いてから、最後に左手でドミ右手でソドのハ長調のⅠの和音を同時に弾く。右手と左手の連鎖と分化を目的としている。

「左手から右手に移る所はいいね。次に左手に戻るところを注意して。もう一回」

繰り返すこと数回。四分音符はまだ揃わない。左右の手でメロディーを繋げる所が切れてしまう。

「ドレミファソラまで弾いてみようか」

「ミレドシラソまで弾いてみようか」

左右の手を繋げるために、一音だけ繋げて弾いてもらう。これも数回繰り返す。

「先生が弾くから見てごらん」

ゆっくりと一音ずつ確かめるように弾いていく。

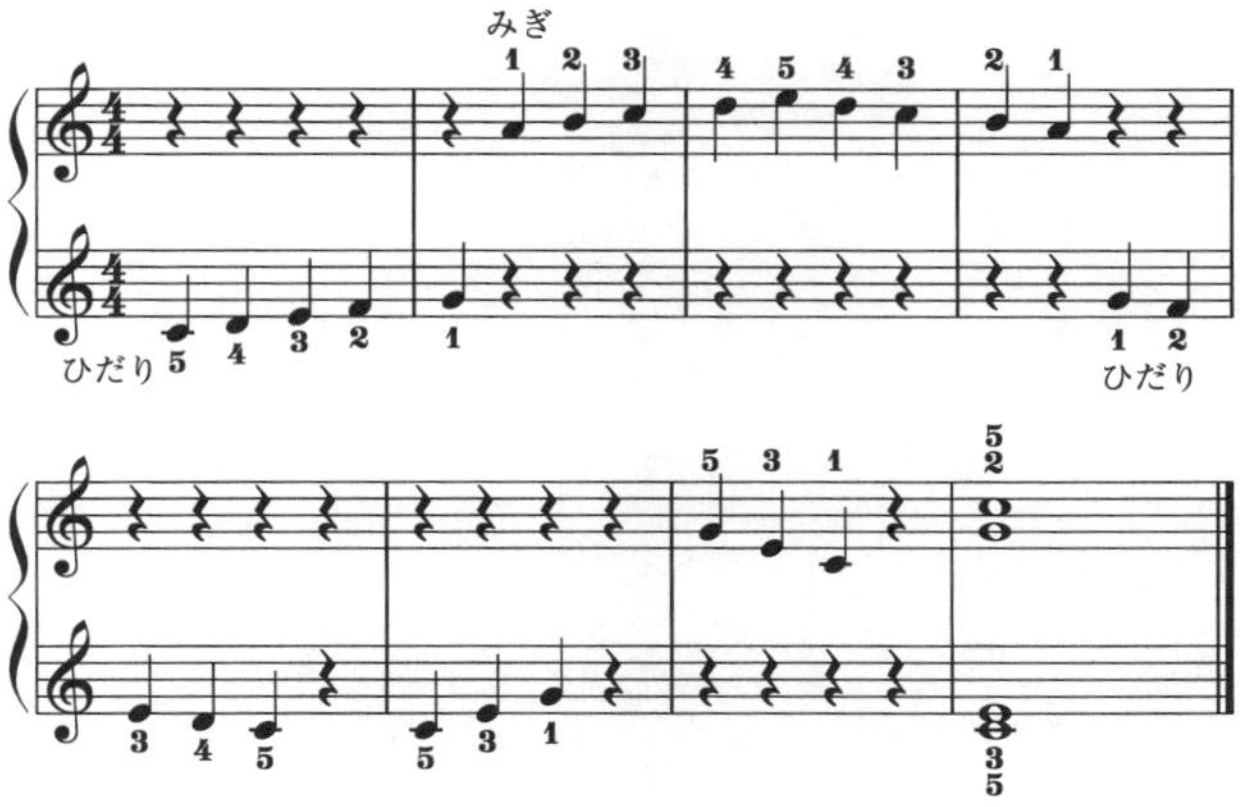

第６曲

５小節目までドからミまでの音階を全部の指を順番に使い、右手と左手でメロディーをつなげるようにした。６小節目は左手でドミソ、７小節目は応答するようにソミド。間に４分休符を入れて気持ちを整える。８小節目はドミソドの和音を左右２音ずつ弾く。左手と右手とをうまくつなげることで、順序性や左右の手を意識的に使ってほしいと考えた。

「先生の手に乗せてごらん。ほら、ここで手を変えるんだよ」

今日はすんなりと僕の手に自分の手を重ねてくれる。今日はそれほど手に汗をかいていない。高校受験の時、堀江孝子先生がハノンでレガートやスラーのタッチをこのようにして教えて下さった。実際先生の手に乗せると手首や腕の使い方はよくわかった。しかし、わかったことと実際に自分で再現することはまた別である。身体を通して伝えていくことは大切なことである。

「理樹君、わかってくれるかな」

確かめる意味で「みぎ」「ひだり」と楽譜に書いてもらう。

次は五・六小節に出てくる四分休符だ。どうしても休まずに先を弾いてしまう。反対に七小節目の休符はその後が和音なのですぐには弾けない。

「ポン」と声を入れる。「いや、まだ」今度は手拍子、次は足踏みと工夫をしてみる。

「理樹君もポンと言ってくれる」

「ポン」と声を出してくれるが、少し時間がたってからだったりする。一定のテンポの中でピアノを弾きながら声を入れるのは本当に難しい。難しすぎたかもしれない。

この日メロディーは弾けるようになった。

八月二十四日（日）十時三十分

今日もまだ六番の右手の和音が弾けない。左利きの理樹君は右手の和音が弾きにくいのだろう。

理由をいろいろと考えてみる。左手は最後の和音の前にドミソを弾いているので一小節休んでいても弾きやすいようだ。右手は一小節前にソミドと弾いているが、ソドと音が変わり鍵盤の位置も変わるので弾きにくいのだろうか。

右手の和音を何度も試みて、この曲が仕上がったのは九月七日だった。

九月二十三日（日）十時三十分
「色鉛筆で音符に色を付けてみようか」

それまでは楽譜を渡して家で色を付けてもらうことが多かった。またレッスンの時に僕が塗ることもあった。今回は一緒に色を塗ることで音が確かめられるのではないかと考えた。

十二色の色鉛筆セットから色を選んでもらう。

「この音は何色」

「赤は何の音」

なかなか難しい。少しの時間が必要だった。音符が小さいのではみ出しながらも右手のメロディー八小節は塗り終わる。

「左手は先生が塗っていくよ」

第七番の曲はタンタタタン　タンタタタン　というリズムパターンのメロディーに対して、左手は付点二分音符でドミソとシレソの二種類の和音を付けてある。右手に指使いは書かない。左手の三カ所に１２４と１３５と書いていく。左手のソの音は最後まで１の指で、下の二音がミソからシレに下降する時に指を変えるという仕組みだ。

右手のメロディーは自分で色を塗ったせいか、つかえながらもそんなに混乱はない。四小節目と八小節目の付点二分音符で一息つける。「一・二・三」と拍の声かけは必要だった。左手は二通りの和音だが指使いが複雑で、練習では一音ずつ弾いたり二音にしたりしながら、最後に三音で行った。ただ指使いだけ何度か繰り返す。

この日はじめて楽譜に、左十回、右十回、両手十回、と書いた。

「右手十回。左手十回、両手で十回ずつ弾いてきてね」

十月十二日（日）十時三十分

七番の右手のメロディーはそのまま弾いて、左手の和音を四分音符にして弾いてみる。八分音符と四分音符に注意して弾いていくが、左手が右手の八分音符に引きずられて、同じリズムになってしまう。

十一月十六日（日）十時三十分

七番の右手をタンタッタタン、左手をタンタンタンのリズムに変えて弾いていく。左手の一・二・三拍に合わせるように右手のメロディーが重なる。最後の和音は六番よりも弾きやすい。

第７曲

右手は一定のリズムパターンでメロディーを作り、左手はドミソとシレソの和音を弾く。メロディーは５本の指を順番に弾くように作った。左手の和音では、ドミソとシレソで指使いを124と135にして、各指の意識を高めようと考えた。また左手を４分音符にして弾いたり、右手の８分音符を付点にして弾くようにした。

「よく弾けるようになったね。この曲は終わり。次に八番を弾いてみようか」

「まず音符に色を塗ろう。じゃあこの中から選んで」

八番は七番の左手の和音を一音ずつ低い音から順番に弾き、付点四分音符と八分音符の右手のメロディーが加わることで、二拍目に左右のリズムがずれる。五番の左右の役割を反対にしたものである。

「右手だけ弾いてみよう」

一回僕が見本を弾いてみる。

付点四分音符を弾く時には、二拍目を身体のどこかしらで感じていなければ、テンポが乱れてしまう。僕は見本を示しながら二拍目に「ウン」という声を入れる。

「理樹君も二拍目に声を出してみようか」

ウンのタイミングが難しい。

「それじゃ先生も一緒に言うから」


僕は一定の強さで手拍子をさせる中で二拍目や三拍目を強調することによって、拍子感を身につけてほしいと考えている。

「では三拍子を叩きましょう」

と言ってウンタンタンとリズムを叩いていくやり方もあるだろう。確かに三拍子やリズムは覚えてい

第８曲

左手の２拍目のあとに右手の８分音符を弾くという、左右が少しずれるように作ってある。４小節で一区切りとする。左右が少しずれるのはかなり難しく混乱することがある。しかし、前曲に引き続き左右の手や指をより意識的に使ってほしいと思い作ったものである。自分の身体をより意識できるかは、その後の発達に大きく左右する。

リズム変奏

①♪♩.　♩　②♩　♫　③♫♩

くが、「さあ困った」と思うことに突き当たる。何の音楽を弾いてもウンタンタンになってしまう。そこから新しいリズムを入れることが非常に困難になり応用がきかなくなる。一定のテンポを叩く中から拍子感に移行していく。これはリトミックの創始者ダルクローズも提唱していることでもある。

「時間の分節。分節のための身体の秩序」

「ウン」を二拍目に言うには、一・三拍を感じることが必要になる。まだ僕の声かけは必要だがメロディーは弾けるようになる。

十一月三十日（日）二時

「今日は右手のメロディーをこういうリズムを変えて弾いてみようか」

僕はゆっくりとタタアーンタンというリズムを弾いてモデルを示す。

「うん、いいね」次はタンタタ、逆にタタタン。「けっこう弾けるね」

「リズムを変えても大丈夫だね」

「それじゃ、右はドーレで左手はドミ、それだけ弾いてみようか」

二拍目で一緒になってしまう。再び「ウン」の登場だ。声を出しながら弾いてみる。

「やってみよう……」

たどたどしくだが、右手と左手をずらして弾けるようになる。

「三拍目は合わせるんだよ」

楽譜では左手はドミソ　ドミソ　シレソ　ドミソ　になっているが、四小節目もシレソと弾いてしまう。

「指を5から4にするんだよ」

四小節目の4の指使いに○を付ける。

同じように七小節目の一拍目にも○。

「少しずつ弾けてきたね。右手五回、左手五回、毎日弾いてきてね。できたら楽譜を見ないで覚えて弾くようにしよう」

十二月十四日（日）二時

この日は八番を両手で合わせていく。二拍目に左右のリズムをずらして弾くことには慣れてくる。メロディーも楽譜を見ないでも弾けるようになっている。

「それじゃ、この曲を楽譜を見ないで弾いてみようか」はじめての暗譜だ。

僕は楽譜を取って膝の上に置く。理樹君は慎重に弾き出した。暗譜に対する不安よりも一生懸命に弾こうとする気持ちが上回っている。それでもいつパニックになるか僕も少し心配だ。時折頬に手を近づけたり頭に手を当てているがパニックにはならない。途中で止まると僕はメロディーを歌ったり左手の音を言ったりする。それでも最後まで弾き終わる。

「よく弾けているよ。暗譜は難しいけれど最後までよくできたね。もう一回弾いて」

譜面には赤鉛筆で花丸をつけた。

「暗譜、暗譜、暗譜」と理樹君は繰り返し言っていた。

（レッスンを始めた記念すべき年も最後は暗譜で終わった）

昭和六十一年は暮れていく。理樹君がんばりました。お母さんご苦労様でした。

II

「練習」から「音楽の楽しみ」へ（15歳〜18歳）

迷い――理樹君にとっての音楽の楽しみとは？

一九八七年（昭和六十二年）一月十一日（日）二時

「あけましておめでとうございます」

いささか言葉を急くように理樹君は新年の挨拶をしてくれた。

いつも通り名前を呼ぶ。手拍子も順調だ。

「九番を弾こうか、まず右手から、ここまでね」

四小節目まで弾いてもらう。新しい曲はいつも四小節まで。

「そうもう一度。うまくなったけど、ここの指使いを見てくれる。音はファとミにかわるけど指使いは同じだよ」

二小節目から三小節に移るところが、ラソファミレドとメロディーは下降する。指使いは５４３―３２１と３を二回使うところだ。理樹君はずいぶん楽譜を見るようになっている。三小節目の指使いを２―２１２にしてもよいが、なるべく順番に指を使ってほしいと考えた。

「左手はドミソと一つずつ弾いてみよう」

「そうそう、それじゃドミソを一緒に弾いてみようか」

第９曲
これまで色音符で行ってきた。４分音符は２分音符のように中をあけてそこに色をつけていた。この曲は普通の楽譜にしてその上から色をつけさせた。右手は３小節目から４小節目に移る時、音がファからミに変わっても３の指を使わせる。６小節目はファソラシドレミと順番に上昇するがラで指を１に変えて５まで弾かせる。左手は付点２分音符と４分音符を組合わせてある。左右のリズムのずれは第８曲の応用である。右手は１オクターブ高く弾かせる。

左手はドを付点二分音符でのばして、二・三拍目にミソを入れていく。五小節目にシが出てくるので、4の指を使って5に移していく。

二月十五日（日）二時

レッスンを始めてちょうど一年間が過ぎた。レッスンの前にお茶を飲んでいると、本棚にある楽譜の小さな破れを取ろうとしている。

「理樹君、それは破かないでね」

理樹君は手をあわてて引っ込める。理樹君は特に行わないが、床に落ちている糸を見つけたり、細かい物に手を出す子どもが多い。

「今日は左手から弾いてみようか」

九番の左手にあるドとシの音に注意しながら弾いていく。

「そう4の指からだね。ここで5だよ」

左手の5と4の指はなかなか動かしにくいけれどよく弾けている。

「左手でドレミファソを弾いてみようか」

「じゃあさ、ドレミのうたのメロディーに合わせてみようか」

ゆっくりドレミの歌を弾き始める。「ド……レ……ミ……」とメロディーに合わせてド　レ　ミと弾いていく。「合っているね」

理樹君はいい顔をした。

この日はソまで弾く。まだ五本の指を意識的に使ってもらおうという思いが強く、その後は弾かなかった。

三月一日（日）三時
「右手の指使い、ここ、ここの所を注意してみよう」

五〜六小節はレーミレミファソ　ラシドレミーとメロディーが盛り上がる所で、ファソラの部分で指使いを34―12345と変えなくてはならない。

「一年前にとても苦労した所だ」

「薬指をソの音に置いてみよう。……ほらこんな感じで。そう、そうしたらその下に親指を入れてみよう。音出してごらん。ラの音だよ。ラ、ラ」

「じゃあ、レーミレミファソで切ってみよう。手をそこで鍵盤から離して。そう、そこで上へ」

と僕は理樹君の手首を持ち上げる。

「ここで一回切ってみよう」

この日は前半四小節を両手で合わせてみる。楽譜には、右手指使いと楽譜に書いて○を五つ書いた。左手も○。

手を叩いてテンポを整え、一拍目にアクセントを付けて拍子感をつけていく。少し三拍子らしくなってきた。

「ね、先生の弾く通りに、理樹君も弾いてくれる?」

「ドミソラソ」ゆっくり弾いて見せる。

「ドミソラソ」「もう一回」「よく見て」と言いながらも二~三回目で弾ける。

「そうそう、じゃ」「ソーミファソ」を弾く。

今度は言葉を言わないで、理樹君が僕の手を見るまで待つ。僕の手は鍵盤の上で止まっている。音も言葉もない。わずかな音のない時間。僕の手は動かない。

(アッ見た)僕はソーミファソと弾いていく。理樹君は左手で弾いていく。軽くうなずいて、「よし次」「ドレソラソ」を弾く。

今度は鍵盤の上で止めることはない。

音や僕の手の動きに気づいてほしい時には、言葉で言うよりも待つ方が効果的だ。待つ僕は少し心配があるけれど、

(本当に見てくれるかな。これでパニックが起きないかな)

音楽の中でいかに音のない世界を作れるか。この重要性をその後、身をもって知るようになる。

親指をくぐらせながら、左右を別々に弾いていく。

三月十五日(日)二時

九番を暗譜で最後まで通す。レッスン後にお茶を飲みながら、お母さんが、

「家で私が弾いていると、後ろから見て笑っているんですよ」と笑いながら言う。

指使いが複雑になり曲も難しくなった。お母さんも弾きにくくなったのだろうか。その苦労する様子を見て笑ったのだろうか。

「僕もこんな難しいのを弾くんだよ」

「久しぶりにこの楽譜を使ってみようか」

「ええと、そうだこれ」


この頃からオリジナル曲と平行して、『こどものピアノ名曲集・上』（安田進編・全音楽譜出版社）から、『かえるがないた』『ぶんぶんぶん』を弾き始めた。この曲集は僕がレッスンを行う前に野澤先生が使用していたものだ。だいぶ指の使い方がうまくなり、一年前に弾けなかった音階やリズムもスムーズになったからだ。ここで耳慣れた曲を入れてみようと考えた。

この曲集は各曲に絵が付いている。もう色音符は使わないで、普通の楽譜を見て弾いていく。はじめは片手ずつ練習、そして両手で弾くことは変わらない。

「かえるがないた」ではメロディーも指使いも九番に比べれば弾きやすい。「ドレミファソミソードレミファミドレー」では、ファの次がソなのかミなのかを区別する必要がある。楽譜に二カ所○をつけた。ソとミの部分だ。歌詞がついているが、この曲ではそれほど口ずさまなかった。

この日に第九番と一緒に仕上がる。

レッスンを始めて一年が経った。

「本当にこれでいいのかな。一曲に三カ月くらいもかけて難しい曲を弾けるようになったり、指使いを何度も繰り返させている。理樹君にとって音楽の楽しみは何だろう」という思いが常にあった。

一回三十分から長くて四十分のレッスンで理樹君がどれくらい楽しめていたか。その四十分も、ピアノ、手拍子、ジャンプ、リズムやメロディーの模倣、練習曲などをつなげて時間を持たせている。その時は僕なりに、「よい時間になるように」と工夫してきたつもりだが、いわゆる「お勉強」や「おけいこ」になっていないだろうか。

それは当時の僕自身の音楽観とも大きく関係しているように思える。僕は何よりも音楽が好きで歌を第一と考えてきた。養護学校に勤めながら畑中良輔先生や西内静先生にレッスンを受け、演奏会もできる限りこなしていた。ＮＨＫや日本演奏連盟のオーディションにも合格し、草津国際音楽アカデミーではエルンスト・ヘフリガー先生のレッスンも受けた。とにかく演奏技術を高めたかった。演奏会を聴きに行っても技術ばかりに耳がいってしまっていた。少し先に進んだかなと思った頃だった。大学を卒業したての、「音楽をやりたい」という純粋な気持ちから、「僕の音楽はどうだい」という傲慢さが加わったように思える。それでも学校をサボっていると思われるのが嫌で、学校の仕事も精一杯行ってきたと自負している。今も昭和五十三年にはじめて担任したクラスの記録ノートが書棚に眠っている。毎日の生徒の様子が細かく書いてある。それは年によって薄くなったりするけれど長年続けている僕の宝物である。この頑なな悲壮感にも似た気持ちが、理樹君のレッスンにも出ていたのではないだろうか。

音楽が空回りして音楽に縛られていたように思う。

「僕にとっての音楽とは何だろうか」

結論は出ない。

この年、理樹君は埼玉県立川越養護学校高等部に入学した。同時にお母さんは地元に作業所を作るべく動き出した、僕は埼玉県特殊教育長期研修生として、千葉市にある淑徳大学へ一年間通い、宇佐川浩先生のご指導のもと「障害の重い子どもの音楽指導及び音楽療法」というテーマで研修を行った。この一年間に実に多くの事柄を学ぶことができた。何よりも今まで僕が持っていた障害児観が転換した。目から鱗が落ちるような毎時間の講義と音楽療法のセッションだった。

三月二十九日（日）二時

第十番、これまでの色音符を卒業し普通の楽譜にした。将来、楽譜を見てメロディーを弾けるようになればよいという考えによる。右手だけ弾いてみる。親指をくぐらせることにも慣れてきた。

四月十二日（日）十時

「ドレミで歌ってみようか」

十番を階名で歌っていく。僕が指で音符を指しながら歌ってもらう。音程はきちんと付かないが「ソーソファミー」とゆっくり歌っていく。

「そうだね、もう一度」と繰り返す。

「じゃ指使いを書くね。ここはソーソファミだから、５５４３。理樹君、右手の１は」

「右手はどっちだっけ」

両手を見ているが、なかなかわからない。

「こっちだよ」理樹君の右手を指さす。

理樹君は右手を差し出す。僕は右手を出して、「１、２、３、４、５」と親指から順番に確かめていく。

「ここで親指をくぐらせて」五、六小節の３１、１３、七小節目のミソの１５に赤で印をつける。

「一番下の音を弾いてみようか」

全音符でドドレドと弾いていく。七小節目に二分音符でドシと動きが出る。

「四つずつのばそうね。イチ・ニ・サン・シ」「ここは指を変えようね」

二分音符はまだうまく弾けない。全音符は右手と合わせることができた。

「指の使い方がうまくなったね。ほら、ここでもちゃんと親指をくぐらせているよ」

第10曲

この曲から色音符を止めて普通の楽譜で行う。1～2小節と3～4小節は始まる音は異なるが、メロディーラインとリズムパターンは同じである。前曲を応用したもので右手は親指をくぐらせて音階を弾く。左手は全音符と4分音符を組み合わせてある。7小節目は2分音符ドシと右手の4分音符のミレが合うようにしてある。右手は実際にはオクターブ高くして弾かせる。

音階で指使いを混乱させていた一年前を思い出す。

四月二十五日（土）二時

「左手を弾いてみよう。二拍目からの音を入れて弾いていこうか」

「ここだよ」楽譜を指さす。

「そう下の音は四つのばして、ドオオオ、ドオオオ」

理樹君は音をのばそうと必死になっているせいか、肘に力を入れてしまう。僕は肘に軽く触れてみる。

（こんなに力を入れてしまうんだ）

両手を合わせるとまだ和音が弾けない。右手のメロディーと左手の外声だけで合わせる。

この日、『川はよんでる』も少しだけ弾いてみた。理樹君は両手でメロディーを弾きかける。

新しい発見 ——知っている曲は弾ける！

五月十日（日）十時

「今日は両手で合わせてみよう」

「できたね。じゃあ、右手のリズムをタンタッタタンタッタにしてみよう」

八分音符をスキップのリズムにしてみる。

「一緒に弾いてみようか」と言って弾き始める。リズムは取れているが、もっとスキップをはっきり弾けないだろうか。

「理樹君、ソーソッファというようにさ、ここで手を少し上げてみようか」

付点八分音符で鍵盤から手を離す。

「ソーソッファ、ミーミッレ」

僕は理樹君の手首を下から持ち上げるようにする。

「そう、この方がリズムがはっきりするね。音も軽くなるしね」

(左手の全音符は逆に鍵盤に沈むようにするといいんだけれど)

これは口には出さなかった。

「この前にも弾いた、『ぶんぶんぶん』を弾いてみようか」

いつもは横長の楽譜だけれど、この楽譜は縦長サイズでかわいい絵も付いている。

理樹君は両手でメロディーを弾き出した。

「……。うまいね。よく弾けているよ」

「歌ってみようか」

小声で歌いながら弾いていく。

「すごいすごい」大きく拍手する。

この曲は野澤先生の所でレッスンしてあった『いろおんぷ　ばいえる』にも出ている曲だ。理樹君の記憶も確かだが野澤先生の教え方のおかげである。

「こんなふうに知っている曲を弾いていくのもいいのかもしれない」

少しずつ僕の中で何かが動き始めていた。

五月二十四日（日）十時
十一番。三拍子。付点音符がメロディーに出てくる。左手とずらして弾かなければならない。

「ドレミで歌ってみようか」

「階名で」と言ってもまだ階名の意味を理解するのが難しい。「階名で」と返されてしまう。むしろ言葉にこだわるよりも、わかりやすい言い方をする方がよいのだろう。理樹君は頭に手をやったり目をつぶるようにしながらも楽譜を目で追っている。

ピアノを弾きながら歌ってもらうと、最後の二小節「レミファソラシド」でつっかえる。指が2312345と、3から1に変わる所だ。「レミッ」とファの前で手を鍵盤から離させる。僕は見本を見せて、理樹君の手首を持ち上げる。

（この方が正確に弾けるようだ）

「これを弾いてみようか。一回弾くから聴いててね」『川はよんでる』のページを開く。

第11曲

これも右手の親指をくぐらせるようにメロディーと指使いを考えて作ったものである。右手だけト長調に移調して弾かせる。階名を歌いながら弾かせることも行った。

上体を左右に揺らすことの多い理樹君には、この四分の三拍子は合っている。弾き終わり「じゃあ」と声をかける前に、鍵盤に手を乗せている。両手でメロディーを少しずつ弾き始める。楽譜は連弾で書かれていて、今までにない長さだ。理樹君のパートは両手のユニゾンのハ長調で書いてある。僕の第二ピアノはト長調で書いてある。まず四小節ずつ弾いていき一ページ十六小節まで。これは四月二十五日、五月十日のレッスンでも行った。七から八小節目のソーラーの所が、ソーソーと弾いてしまい終わってしまう。

「ここはラーだよ」

「ラー」と弾く前に声をかければ音は間違いない。

「今日は最後まで弾いてみよう」

後半の十六小節は僕の方にメロディーが移るが、そのメロディーを楽譜に書いていく。

「だいたい弾けているかな」

三拍子のリズムは音楽が先に進むような感じで弾きやすい。少しずつメロディーが形になってくると、僕は三拍子のテンポを守りながら伴奏を入れるがよく止まる。理樹君が弾き出すのを待ってから再び合わせていく。

この曲がその後レッスンの導入として定着しようとは思いもせずにその時は伴奏を弾いていた。

六月七日（日）十時

「今日は両手一緒に弾いてみよう」

「うん、よくなったね」

「この音からドレミファソラシドを弾いてみようか」

僕はソを弾きながら理樹君に言う。

「この音、そうそう」

理樹君はゆっくりと確かめるように弾き出した。こういう時はいつも背中が丸くなって肩が上がってくる。

「それでいいかな」

ファ#をファのまま弾く。

「もう一度弾いてくれる?」

今度もファにする。

「よく聴いてくれるかな。二回弾くよ」

一回目はファのまま。二回目はファに#を付ける。もう一度繰り返す。今度はファ#をより強調して弾く。理樹君は顔を傾けるように見ている。

「理樹君、もう一回弾いてみよう」

同じフレーズを何回か繰り返すうちファ#の所でいくぶんテンポが落ちてくる。#が気になっているのがわかる。その時、僕はピアノの低い音でファ#に指を乗せる。音は出さない。チラッと見ている。

「アッ、弾けた弾けた。♯の位置を忘れないでね」

この日は十一番のメロディーをト長調に移調して弾いてみる。不確かな所はあるけれど、メロディーラインを記憶したのか、思ったよりもよく弾いている。

「ト長調で弾けたんだよ」

と僕は理樹君の顔をのぞき込む。理樹君は不思議そうな顔で僕を見ている。

六月二十八日（日）十時
「おはようございます」

僕は研修中にダウン症や情緒の不安定な子どもと接して感じたことや考えたことを、理樹君のお母さんに話す。お母さんは理樹君の学校での様子やパニックの対応について自分の思いを聞かせて下さる。そんな時、理樹君は横目でチラチラ見ている。

「さあやろうか。手を洗ってきて。手を洗ったらすぐピアノをやるからね」

理樹君はすぐ席を立って洗面所に行き、そのままトイレに入る。一時期トイレの時間が長引いたが、最近は早く出てくる。

「おねがいします」理樹君は楽譜を譜面台に置く。

「じゃあ十二番を弾いてみようか。右手でここまで」四小節目を指さす。

第12曲

4分休符や8分休符が入り右手のメロディーが複雑になる。左手は4分音符で弾き続ける。4小節目の4拍目と5小節目の1拍目に4分休符があり2拍休むことになる。さらに6小節目の4拍目に8分休符があり休符の時に「ウン」と声を入れて行わせる。7小節目は43212123の指使いで1の指をくぐらせる。

「そうだね、タンタタンタタのリズムに気を付けて。もう一回」

「ここはタタタタン。これは一つお休みだよ」

「ここにファって書いてくれる」

理樹君はふアと楽譜に書いた。

「左手も弾いてみようか。この音はシだね」

理樹君は「ドミソミ」と小声でつっかえながらも歌いながら弾いていく。

「ここにドここにシ……ファって書いて」

つっかえる所に書いていく。

「両手で合わせてみようか」

この日は四小節まで弾いていく。

十二番は十月までかかって何とか弾き終える。こんな具合だ。七月十二日（日）右手全部。四分休符をウンと言いメロディーを弾く。七月二十二日（水）右手メロディーが弾けるがウンが難しい。最後のタンタタタンは手拍子でやる。左手は楽譜を見ながら弾く。八月九日（日）右手メロディーにウン入れる。左手は歌いながら。四小節まで両手（三～四小節左△）八月三十日（日）後半の四小節片手ずつ練習。毎日十回は練習。れんしゅう10かい○を十個楽譜に書く。九月十三日（日）五～六小節目を中心に練習。休符の取り方が難しく楽譜に「うん」と書く。九月二十七日（日）最後の三小節◎。五～六小節○、七～八小節○、別々に○（二小節ずつ区切って弾く）。十月十八日

（日）六〜七小節目のリズムの難しさが最後まで残る。

十二番を弾き終えてから少しの間、オリジナル曲をお休みにして、『かっこう』『喜びの歌』『川はよんでる』でレッスンを行った。

「『川はよんでる』を歌ってみようか」

理樹君はレッスンの時に歌うことはほとんどない。歌ったとしても本当に小声で歌う。歌詞カードを渡しても、楽譜にある歌詞を指でさしてもあまり歌わない。歌詞カードを渡すと目をつぶるようにしたり、よい顔は見せない。パニックを起こすこともあった。車の中や家では歌うようだが、歌は理樹君にとってピアノよりも大切な物なのかもしれない。それともピアノのレッスンは歌う場所ではないと決めているのだろうか。僕がマイクを向けるような仕草をしても声はあまり出てこない。

九月十三日（日）十時

「ドレミで歌ってみようか」

「レシ・レシ・ラソラソー」

『かっこう』を階名で歌っていく。階名で歌うことは理樹君は得意ではない。それまで色音符に慣れていたが、その色音符も見てすぐ弾けるというわけにはいかない。ただ「ドミソ」と言われるとその音を弾くことはできる。鍵盤の位置とドレミは繋がっているけれど、楽譜や色音符と実際の音の繋がりは弱い。

（それじゃ楽譜に階名を書いてもらった方がよく弾けるかな）と考えるが、（でもそれじゃ何かが違わないか）と自問する。

「今日はここにレシとここにラソを書いてみようか」と鉛筆を渡す。

一小節目に「れし」三小節目に「らら」と書いた。

「ラソだけれど」と言いかけて、「じゃあもう一回弾いてみようか」

「まずは右手で弾いてくれる？　今度の方がよく弾けるかな」

メロディーはまだ形になってこない。

理樹君は小声で「レシ……ラソ……」と言いながら弾いているが、なかなかうまく合わない。

「先生が弾くから理樹君はドレミで歌ってくれる。ここからだよ。えーと、はじめの音は」と楽譜を指さす。

「レシレシラソラソ」と言う。

「そうだね。ここは一拍休みだからね」四分休符に○をつける。

この「かっこう」は『いろおんぷばいえる』にも出ている。しかし、それはハ長調で書かれている。譜面上は♯や♭が付いていないが、実際のメロディーはト長調で書いてある。そんな関係もその時はあまり認識しなかった。理樹君の今までのピアノの経過について考えるよりも、今新しく僕が行おうとしていることを優先していた。

「かっこう」は十二月までかかって最後まで階名唱を行い、両手で弾けるようになった。ピアノを通して理樹君と音楽を楽しむと言うよりは、まだまだピアノを正確に弾くことに僕の関心が大きかったように思える。その間も手拍子でのリズム模倣やピアノに合わせてのジャンプ、僕がごく簡単なメロディーを弾いて理樹君に同じように弾いてもらうことも行ってはいたが、何か課題をこなすような気がしていた。

この時期、僕自身が体調を崩しレッスン回数も月に一回程度になっていた。しかし、研修中の宇佐川浩先生の講義や音楽療法のセッションから、知的障害や自閉症と呼ばれる子どもたちとの係わり方は少しずつ慣れていった。特に視覚による情報を高めることが、いかにその子どもの発達に大きく影響するかを研修中に考え、理樹君についても見ることをピアノのレッスンにどう生かせるかと模索していた。

発達的な視点を持つことの重要性を身をもって経験してきたが、その発達的視点と音楽の楽しさをどのように繋げていくのかは、まだ見通しが持てなかった。その頃の僕は、音楽の持つエモーショナルな面をどのくらい考えていただろうか。

新しい子どもの捉え方の視点を持てたが、ピアノのレッスンでどう生かしたらよいか、まだ先が見えない中で昭和六十二年も終わろうとしていた。

楽譜はいらない?

一九八八年（昭和六十三年）一月十日（日）二時

「あけましておめでとうございます」

「お正月はどうだった?」

今日から『メリーさんのひつじ』のレッスンに入る。『いろおんぷばいえる』で弾いた曲である。ハ長調で四分の四拍子。ばいえるでは、すべてが半分の拍数になっている。ばいえるの一小節が今度の楽譜では二小節で書いてある。左手の伴奏は、ばいえるでは二分音符でドソで一小節。今度はドソミソで一小節。混乱しないで弾けるだろうか。

メロディーはやはり記憶にあるようで形になりやすい。四小節ずつ区切って弾いていく。理樹君は先を急ぐようにテンポを速める。

「理樹君、この速さで弾いてみようか」

僕はピアノの縁に鉛筆を当てテンポを刻む。付点二分音符が保てない。僕はテンポを刻むことから、理樹君に弾いてもらいたいリズムを刻んでいく。

きた。

「そうだね、このリズムを忘れないでね」

しかし、レッスンを進めるうちに、楽譜を使用する必要性が本当にあるのかと思うようになってきた。

二月七日（日）二時

「先生がピアノを弾くからウンを言ってみようか」

「ウン　ドミファソー」「ウン……」と四分休符に「ウン」を入れてみた。

「そうだねウンを入れた方がいいね。ここは、ドミファソーミードーミーレーーーエ」とレを全音符と四分音符のタイでつなげていく。一音ずつ確かめながら一緒に弾いていく。休符が入ると身体でテンポを感じてもらいたくなる。

『聖者の行進』は理樹君の好きな曲の一つである。軽快でノリのいい理樹君の気質にも合うのだろう。それにメロディーが先に先に進んでいくようだ。と言ってもはじめはピアノを弾くのが精一杯。この曲は今まで弾いたことがない。

「ウン」理樹君は小声でテンポに合わせて言っているがどうしても遅れる。だが上体はテンポに合わせるように動かしている。でも弾けない。僕のテンポが速いのだろうか。

「いいね、身体でテンポをとることは。」

メロディーをいくぶん速めにして、「ウン」と言うタイミングに緊張感を持たせる。

「そうそう、いいね。じゃ今度はゆっくりやってみようかな」アダージョでしかもピアニッシモ。上体の動きも小さくなる。息を吐くように「ウン」と言ってみる。理樹君は僕の息に合わせるように声を出し始めた。

この曲はタイが三カ所出てくる。そこでも十分に音楽に集中しているが、まだ先にいってしまう。この日、四分休符を少しだけ身体に刻んでレッスンを終えた。まだ難しいと思い『聖者の行進』はしばらくお休みにする。

二月二十一日（日）二時

久しぶりにオリジナル曲を作る。

十三番。八分の三拍子で最後はスタカートで弾くようになっている。右手の四小節まで指使い通りに弾いてもらう。

「ラーソファミレーのところは5の指から弾いてみようか」二小節目から三小節目へ移る時、右手の指を4から5に変えることは意外に難しい。ラーソファミレーが一つのまとまり（フレーズ）として理解できるとよいのだが、曲自体にあまり魅力がなかったのだろう。

「ドオーシラーソのところを5 4 5 4の指で弾いてみよう。」

何度も繰り返して身体で覚えてもらおう。まだまだ指も意識的に使ってほしい。コントロールしてほしいという気持ちが強かった。

第13曲

7小節目はスタカートで弾くように作ってある。レガートとスタカートのタッチの区別を耳と楽譜で確認してほしいと思い作ったものである。3小節目の左手はドファラでなくシレソと弾いてしまう。

三月六日（日）二時

「メリーさんのひつじを弾こうか。今日は最後まで階名で歌ってみよう」

理樹君は前回よりもスムーズに歌い始めた。僕は楽譜のメロディーを指でなぞっていく。

「理樹君も指でなぞりながら歌ってみようか」

理樹君はゆっくりと楽譜に手を運ぶが、なかなか楽譜に触れられない。

「ここからだよ。……そう、もっとしっかり付けてみようか」

理樹君は少し楽譜に指で触れるが、見ながら歌う余裕は見られない。

「先生も一緒になぞっていくから」

「ミーーレドーレーミーミーミーーー　レーーーレーーーー」と歌っていく。のばすところは一拍ずつ数えるようにミーーーと歌っていく。

「なぞりながら歌うのは大変だね」

見ながら歌う、なぞりながら歌う、見ながら弾くという二つの感覚を同時に使っていくことは、自閉症と呼ばれる子どもにとって難しいようである。それでも見る方が得意な子ども、聴く方が得意な子どもと、その子どもにより様々である。理樹君は物の位置とか順番のこだわりは強くなく、どちらかというと聴く方が得意なように思える。だから「ソファミレ」と僕に言われるとスムーズに弾ける。

これが見るとなるとまた事情が異なる。確かに楽譜の理解ということもあるだろうが、指でなぞりながら歌うことから、見ることと歌うこと、それになぞるという運動をうまく結び付けたいと考えた。

理樹君の階名唱はメロディーの音程を正しく歌うというよりも朗読に近い。あまり音程差がなく一本調子になりがちだ。また歌う時に上体を左右に揺するのも特徴だが、以前に比べれば左右に揺れる動きはずいぶん減ってきている。ピアノを弾く時にしっかりと足を床に付けるようにもなっている。

「足は踏ん張るようにしようね」と言えるようになった。パニックはまだなくならないけれど、予測できるようになってきた。

「左手を弾いてみようか」

理樹君はドミソー　ドミソーと弾いていく。

「これは理樹君の考えた弾き方かな」と思う。楽譜にはドソミソ　ドソミソと書いてある。

「ドソミソで弾いてみようか」今度は弾けている。メロディーをなぞって階名で歌っても、実際に弾くとなると混乱するようだ。

「両手で弾いてくれる?」

本当にゆっくり弾いていく。ゆっくりは苦痛のはずだが耐えているようだ。

はじめてこの曲を歌った時の記憶がしっかり残っていて、「メーリさんのひつじ　ひつじ（タンタンターン）ひつじ」のリズムで弾いていく。この楽譜には、「メーリさんのひつじ、メエメエ（ターン　ターン）ひつじ」となっていて、ひつじ（タンタンターン）とメーメー（ターン　ターン）のリズムが違っている。二分音符と全音符の違いだ。一回記憶されたものを、新しく直していくことは難しい。最後まで弾きにくかったのはタイの部分である。特に最後の二小節のタイは必ずタイをとってドーーードーーーと弾いていた。

この曲は四月三日に暗譜で弾いている。そして、はじめてメトロノームでテンポを刻みながら弾いていった。一定のテンポを保つのは難しかったが、四月十七日は♩＝一三八までテンポを上げて弾いた。必死になってついて来ようとする姿は感動的だった。理樹君も「やった」という顔をした。一曲仕上げるのに三カ月は必要だった。もっと効率的な方法があったかもしれないが、その時これが僕には精一杯だった。

ただテンポを少し速めにとったり、あおるようにアッチェレランドすることはその後も行った。気持ちを盛り上げる時や理樹君の気持ちが高揚している時に必ず用いるようにした。

十三番も先に進む。

「左手はどうかな。弾いてみようか」

ドミソ　ドファラ　シレソ　の三種類のハーモニーで作ってある。それでもドミソとシレソの区別が難しい。

「先生が弾くから見てて。まねしてみようか」

「そうだね」「両手を合わせてみよう」

両手一緒に弾くと左手が混乱する。

三月二十日（日）二時

十三番の三・六小節目に出てくるドファラを指さして、「ドファラって書いて」と鉛筆を渡す。

「次のシ、ここ四小節目の一拍目はシだよ」なるべく音符で音を理解してほしいが、どうしてもカタカナに頼ってしまう。

「見ながら弾いてみよう」

「右手五回、左手五回、両手五回ずつ弾いてきてね、宿題だよ」

四月九日（土）に両手で合わせる。最後まで三・六小節目はシレソになってしまうが、「ドファラ」と声をかけるとチラッと楽譜を見て直せる。「ドファラ」のカタカナのせいだろう。いや階名の声かけのせいだ。

スタカートの所に「かるく」と書く。

これは僕が腕を鍵盤から離す動きを見てその場で模倣して弾けている。

この頃、手拍子のリズム模倣は一小節から二小節まで増やして行っている。

この年の春、僕は一年間の研修を終え越谷養護学校に戻り、理樹君は高等部二年を迎えた。

理樹君、いい表情をする

五月一日（日）二時

「『赤いくつ』を歌ってみようか」

これまで長調の曲が多かったが、今回はイ短調の曲を選ぶ。理樹君は「もう知っているよ」と言わんばかりに歌い出した。僕は歌詞を指でなぞりながら左手でメロディーを弾いていく。楽譜はヘ音記号で書いてある第二ピアノにメロディーがあり歌詞もついている。第一ピアノはオブリガートになっている。「いじんさんに　つれられて　いっちゃった」の部分では、「いっ　ちゃっ　た　」と二分音符に合わせるように歌詞を切って歌っている。

「うまいね。これはヘ音記号で書いてあるから、ドレミを書いていこう」

ヘ音記号の説明は特にしないで、「ラシドレミー」と言いながら一音ずつ確認するようにカタカナで書いてもらう。

「ラ」が「ら」に「ファ」が「ふ」になることもあり、ひらがなとカタカナが混じり合っている。「ミ」が「シ」に見えるので書き直してもらった。

「それじゃ、まずドレミで歌ってみよう」最後の四小節を弾いてから「ハイ」と声をかける。「ラシドレミ」と歌える。

「メロディーを弾いていこうか」

てっきり右手で弾くかと思ったが、両手一緒に弾いている。「へぇえ、すごいな」「もう一回弾いてくれる?」

(やっぱりこうやって階名を書いていけばメロディーが弾けるものなんだな)

僕は「おんなのこーーー」の「こーーー」と全音符をタイでつなげた二小節目に「ミレドシ」と音を入れて、理樹君にその間は音を十分のばすことや次のメロディーの準備が整うように伴奏を入れた。

この曲は再び僕の理樹君とのレッスンに問題を投げかけた。

(どうやったらピアノで音楽を楽しめるだろうか)

(理樹君はいつもよりいい表情をしている)

最後の四小節では身体を軽く前後に動かしながら弾いている。まるで音に自分の身体を乗せるようだ。自分で曲を終わらせる嬉しさのような感じだ。

五月十五日には、歌詞や階名で歌いながら両手でピアノも弾くことができた。

(悪くないな。メロディーを両手で弾いていくことも)と思いはしたが、まだ僕の気持ちには「ピアノのレッスン」という堅い考えが解けずにいる。

この日は『だるまさん』も新たに加わる。

この曲は三拍目に右手が二分音符をのばしている間に、左手が四分音符を四拍目に弾くことが難しい。まずは右手だけ。五月二十九日に右手を最後まで、六月十二日に左手の階名唱、六月二十六日に両手という順番でレッスンを行った。最後は暗譜で弾いている。

六月二十六日（日）十一時

『だるまさん』を暗譜で弾いた後、

「久しぶりだけど」と言って、僕は『聖者が町にやってくる』を弾き始めた。二月以来だ。

「この曲を右手で弾いてみようか」

右手は少しメロディーを覚えていて形が見えてくる。

「そうだね、先生が左手の所を弾くから、理樹君は右手のメロディーを弾いてくれる？」

理樹君は確かめるようにメロディーを弾き始める。そのテンポに合わせて僕は左手のパートを弾いていく。理樹君のドミファソーに答えるようにドミファソー、また理樹君のドミファソー、僕が答えていく。九小節目と十三小節目のタイで「ウン」の声を入れる。

「いいね」「両手でメロディーを弾けるかな」右手をオクターブ上げて両手で弾き始める。『赤いくつ』を弾いてから、ユニゾンで弾くことも試みようと考え始めていた。両手で揃えるのも難しいが、この方がリズムを身体に感じながら弾けているように思える。

五小節目から「ウン　ドミファソーミードーミーレーーーーのメロディーと最後の四小節のメロ

しまう。

ディーが似ているので、どうしてもミファソーミードーレードーーーとドミレとドレドが混同してしまう。

「最後はドーレードだよ」

「それじゃ左手も弾いてみよう」

右手と左手を交互に弾くことは、中村佐和子先生の曲で少し弾いてあったが、どちらかに引きずられてしまう。僕は少しだけ左右の手に触れて合図を送る。結局両手でメロディーを弾くことにした。この曲は七月十日に仕上がった。九月十一日にもう一度確かめるように弾いてみた。

時折、以前に弾いた曲を弾いてもらうようにした。一番から三番、一番から五番まで通して弾いたこともある。その時は、「起立―礼」で発表会のように行った。「忘れてないな」と思う。ただ、オリジナルも弾けなくはないが、よく弾けるのはやはり耳慣れた曲だ。理樹君を想定しての曲作りだったが、観念が先行したのかと思い始める。オリジナルは翌年に最後の一曲を残して終わることになる。

一九八九年（平成元年）

昭和六十四年は昭和天皇のご崩御で平成に年号が変わる。この年の四月から、僕は埼玉県立越谷西養護学校に異動した。はじめての知的障害の養護学校である。障害種が違うと学校の教育内容がこうも変わるのかと着任早々感じる。それでも僕は担任外の養護・訓練部に所属し、個別指導を中心に研修の成果をそのまま実践できたことはとても幸運だった。

昨年の十二月から自動車教習所へ通い始め、約半年かけて自動車免許を取った。僕のせっかちな性格を知っている同僚や友人はあまり乗りたがらなかった。教え方にもいろいろあるなと教習所に行くたびに感じた。

養護・訓練部に所属した九年間に多くの事柄を学ぶことができた。たまたま同年齢のスタッフが揃ったことも、個別指導の精神的な疲れを和らげてくれる楽しい時間になった。また小学部か高等部までを対象に個別の係わりが持てたことや小グループと学年の音楽の時間も担当させていただいたことは僕の財産になっている。僕の障害児教育の出発が肢体不自由ということもあり、西養護学校に移ってすぐに感じたことは、「身体が使えてないな」ということだ。歩き方、手の挙げ方や使い方、それに情緒と対人関係の問題など、「エッ」と思うことが多かった。これらの日常は理樹君のレッスンにも反映されたものと思える。

四月二十三日（日）一時

「十四番を弾いてみよう。右手から弾いてみよう」

ソファソファ～、ファミファミ～、ミレミレ～と同じ音型が続く。指も5 4―4 3―3 2と順番に二本ずつ使っていく。それぞれの指が大分使えるようになっている。

「左手だけ弾こうか」理樹君はゆっくりと弾いていく。

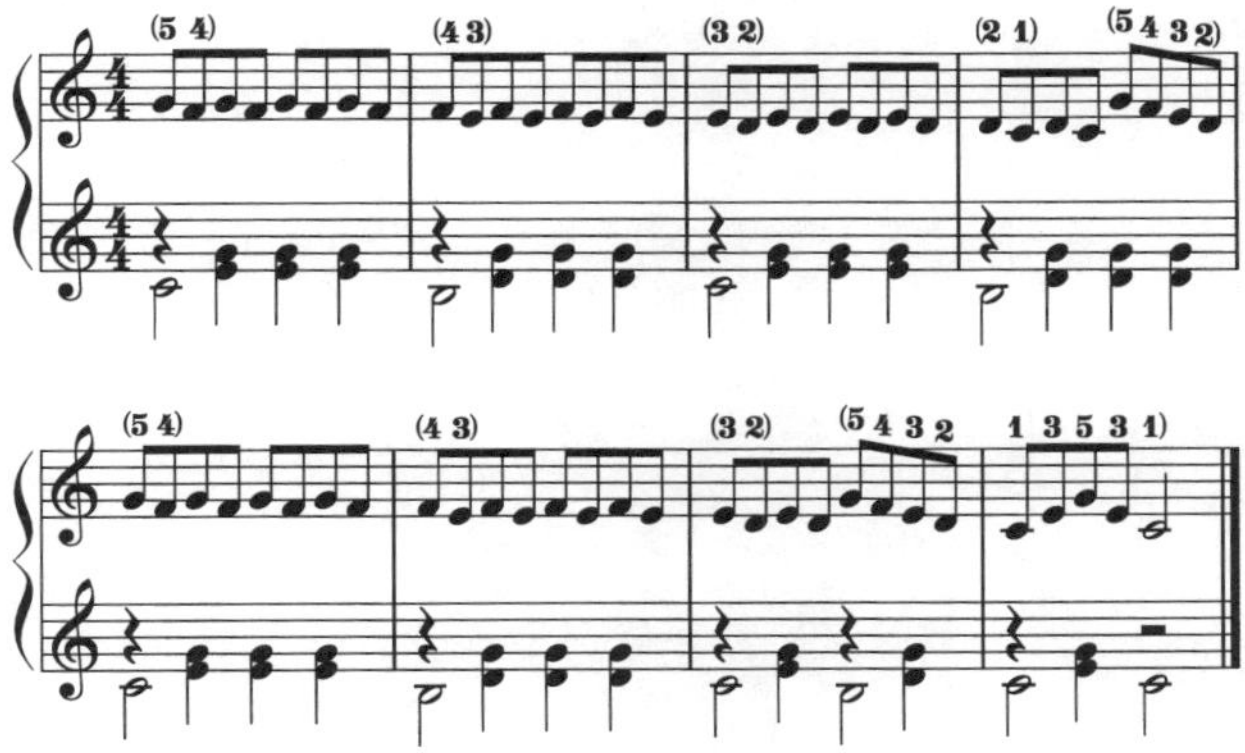

第14曲

右手は指使いが１小節ごとに54—43—32—21となるように作ってある。より明確に各指を意識してほしいと考えた。左手は第10曲の応用でもある。右手は実際にはオクターブ高く弾かせる。

「ドー　シー　」「そうそう」

「ミソ　レソも一緒に弾いてくれる」

「両手を合わせると左手のリズムが難しいね。左手は一番下のドーシーだけでいいから、もう一度合わせてみよう」

最後のオリジナル曲の経過を辿ってみよう。

五月七日（日）は両手で合わせると、四小節目の左手がシーシーと二分音符になってしまう。それまではソファソファのような二度音程のメロディーが、ソファミレとパターンが変わるからだろう。また左手がドからシに音が変わるからだろうか。これは最後まで間違えやすい部分だったが、あとはよく弾ける。五月二十八日（日）両手で弾けるが四小節目は△　七月二日（日）ほぼ間違えずに弾ける。四小節目○（時折二分音符になる）そして暗譜の宿題。一日五回○五つ楽譜に書く。七月十六日（日）暗譜で仕上がる。暗譜○

「練習」から「音楽の楽しみ」へ

平成元年（一九八九年）から二年にかけては、理樹君とのレッスンの転換期であった。一つは既製曲のメロディーを弾いていき、自分でメロディーを再生することにより音楽を楽しむことへ方向を変えて行ったこと。あと一つは即興演奏の導入である。レッスンは月一〜二回のペースで進められた。

これまでに童謡を中心に既製曲を弾いてきたが、理樹君は十八歳になっていた。

「そうだな、十八歳か」何かよい曲はないか。この頃に考えていたことは、養護学校を卒業して周りの人と一緒に歌える曲があったり、できれば理樹君が伴奏をして周りの人が歌えたら、それが一番理想的だと考えていた。また理樹君が手を噛んだり頭を叩くことが、できれば今よりも少しでも減らすことができないか。

「ピアノで弾く時になるべく黒鍵を使わないで弾ける曲はないか」

十月十五日（日）十時

「ド音をこうやって弾いてくれる」

僕は両手でターンターンと二分音符で弾いてみる。「弾いてみて」理樹君は言われた通り弾き始める。「そういいね」僕も同じように低音でドを弾いていく。テンポは僕が設定する。一緒に弾きながら『若者達』を歌いかける。理樹君はだんだん上体を前後に揺らし始めて、音楽を身体で感じているのがわかる。二回歌ってからピアノでメロディーを弾いていく。理樹君の動きはますます大きくなり今度は僕の方へ上体を傾けてくる。顔をのぞき込むように見ている。

「そうだね、この曲知ってる？」

数回繰り返して最後のメロディーをゆっくり弾いて終わらせる。ぴったり終わる。思わず拍手をする。そして握手。

「今度はドとソの音で弾いてくれるかな」

「一緒に弾いていいから」二音を同時に弾いていく。知っている曲の安心感か理樹君も集中して弾いている。しばらくするとすこし飽きたのか自分のテンポになってくる。僕は左手の伴奏を強調しテンポを刻む。

「こうやって弾いていくと理樹君も楽しめそうだな」

レッスン後にお茶を飲みながら

「知っている曲に合わせて、今みたいに伴奏をつけていくように進めたいと思いますが」とお母さんに説明した。

「そうですね。理樹も楽しそうで集中してやってましたね」

この日は明るい顔でレッスン室から帰る。

十一月三日（金）九時三十分

「はじめましょう」

僕はドレミファソラシドの音階を弾いていく。「理樹君も弾いて」理樹君は指使いも正しくハ長調の音階を弾く。

「そうだね。もう一回」

「じゃあ、前に半分まで弾いたドレミの歌を弾いてみようか。理樹君はドレの所を弾いてくれるかな」前奏を勢いよく弾き始める。
「ドーレミードミドミー」「レーミファファミレファー」とフレーズの最初の音を強調して弾いていく。「ド」「レ」の声かけで理樹君もフレーズのはじめに合わせようとする。二〜三回繰り返して弾いていくと、自分から「ドーレミー」と弾き始める。（エッ、フーン）感心する。「それじゃ少しずつメロディーを弾いていこうか」もちろんすぐにメロディーが弾けるわけではない。「ドーレミード」「ミードだよ」「見て」「そうミドミ。ミ」

こうして少しずつメロディーを弾いていく作業が始まった。「ドレミの歌」は「ラはラッパのラ」のフレーズでファ#が出てくる。またその先ソ#も加わる。このシャープを付けることは苦労した。特にメロディーに臨時記号がつくと、それに気づいてもらうのに時間がかかる。この曲では最後まで#を忘れることが多かった。
「少し弾けたね」大きな拍手をする。理樹君は照れ臭そうにしている。

軽快な『おもちゃのチャチャチャ』では最後のフレーズ「ソシド」を弾けるようにレッスンを進めていった。二人が一緒に終わること。そこで音を止めることが主な目標だ。これは意外に弾きやすいようだった。またこの曲がとても好きで「僕が終わらせた」という成就感があったのではないだろうか。

十二月十七日（日）十一時

『川はよんでる』はすでにレッスンした曲だが、今まで弾いてきた曲をまとめて演奏した時に、「これはいいな」と思った。音楽が流れるし一体感を感じる。メロディーも弾けているし、これをレッスンの導入にしてみようか。

「理樹君、弾いてみようか」

僕は伴奏の音を少し弱めて前奏を弾き始める。「最後のファの♯に注意してもう一回」「ラソファ♯、ファ♯ファ♯ファ♯」と繰り返す。僕は理樹君がどんな弾き方をしても伴奏がついていけるように心がけている。テンポや音量も、途中で止まっても合わせることはできる。まずは合わせることだ。その後、僕に合わせてもらうように工夫する。

「そうだね。よく弾けているよ」

「ちょっと、立ってみようか」

「理樹君、先生のピアノに合わせて膝を曲げてくれる？」ピアノは八分の六拍子。

この膝の屈伸はバレエのプリエと呼ばれるものだが、一回自分でやってみると難しさを認識する。多くの知的障害児や自閉症と呼ばれる子どもは、膝を曲げて途中で止めることができない。座り込むようになったり腰を前に突き出して上体を反らせてしまう。膝を曲げてまっすぐに腰を下げられる子どもは少ない。

理樹君はピアノに合わせて膝を曲げていくが、途中で止めることはまだ難しい。

「ここに気持ちを向けてみよう」と理樹君の膝を指でつつく。「もう一度やるよ」

曲は八分の六拍子でト単調の即興演奏。少しメランコリックなメロディーにする。膝を曲げる時は下降音型で伸ばす時は上昇音型にする。左手の伴奏は八分音符でテンポを正確に刻んでいく。この左手が乱れると緊張感が崩れる。右手のメロディーが多少テンポとずれても後で取り戻せるのは、左手のテンポの一定さがあるからだ。

「足の裏は全部床につけようね。先生と手をつないでやってみよう」

理樹君は手に汗をかいている。足の指に力を入れている。足の指先と踵とで立っているようだ。足の裏を床につけることは、腰が身体の中心になるためには必要なことだ。

「ゆっくりでいいよ」どうしても動作が早くなる。「ここだよ」膝をつつく。

「そうだね。先生がピアノを弾くから合わせて膝を曲げてみよう」

ピアノのレッスンで「足を踏ん張って」ということが少しずつ定着して、この膝の屈伸にも応用できている。

膝を曲げた時に重力に身を任せ、膝を伸ばした時に重力に拮抗しながら、自分の身体のバランスや身体の軸を形成してほしいと考えている。

「学校で生徒を見ていても身体の動かし方が気になるんです。動けるんだけどうまく動かせないというか。この膝の屈伸も中腰ができない生徒がいたり足首がとっても固くてできにくい生徒もいます。この膝の屈伸もしばらくやってみましょう」

「理樹君、クリスマス会はもうやったの」

「もうやったの」と答える。

「じゃプレゼント楽しみだね。気を付けて帰ってね。よいお年を」

「よいお年を」笑顔で今年は終わった。

Ⅲ　ピアノでの対話（19歳〜23歳）

高校卒業　――理樹君の新しい生活

一九八九年（平成元年）二月二十五日（日）十一時
「おはよう。久しぶりだね。元気でしたか」

「元気でしたか」少し上気している。

「さあ始めようか」

『川はよんでる』から弾き始める。もう慣れてきてリラックスした表情で弾いている。

「そうだね。よく弾けているね」お母さんの表情も和む。理樹君はピアノを弾きながら、キョロキョロ周りを見ることが多い。僕の方も見てくれるが、それはレッスンを始めてから少したって心が落ちついた頃だ。その時は僕もほっとする。キョロキョロ周りを見られると、「何かあるのかな。パニックが起きるのかな」と考えてしまう。少しずつ理樹君を理解してきたと思っているが、まだわからないことが多い。

『おもちゃのチャチャチャ』の前奏を弾き始めると、急にうきうきしてくる。

「ソシドをしっかり弾こうね」

理樹君は鍵盤に両手を乗せるように準備万端だ。（好きな曲は意気込みが違うな）

前奏が終わると、曲の初めのドドドミラララ　レレレファソソソのメロディーを弾こうとしている。僕はテンポを遅くして理樹君に合わせる。ラララとソソソを強調して弾く。

「じゃあメロディーだけ弾くから見てて」

右手でゆっくり三～四小節目のメロディーを弾く。ソ♯が出てくる。（やっぱり、見ているな）でも黒鍵の位置が難しい。「理樹君、ここだよ」黒鍵を指さす。ソソソ♯だけ弾いていく。ソ♯で止める。

「そうだね」次はララララ♭と楽譜では♯♭が出てくるが、鍵盤上は同じ音だ。むしろ四小節目のナチュラルの方に迷いが出る。そんなに急には弾けない。

「ソシドはとてもよくなったよ」

既製曲を弾いてとても嬉しそうだ。耳に慣れた曲は安心するのだろう。予測がつきやすく見通しも持ちやすいせいだろう。

理樹君はソソファミーミファ　ソソソソドの方がむしろ弾きやすそうだった。ただソドの跳躍で他の音になる時があった。

「越谷西養護学校みたいに個別の時間があるといいんですけど。特に理樹みたいに情緒の不安定な子どもは集団だけだときつい面もあるんです」

レッスンが終わってからお母さんが話される。

「確かにそうですね。情緒が不安定な子どもは小学部から高等部まで不安定さが残りますね。集団で学べることと個別で学べることを整理していくことが大切でしょうね。学校はほとんど集団を前提として授業が考えられていますし」

三月十八日（日）十一時

日曜日の十一時にレッスンが定着した。

『翼を下さい』はハ長調で四分の四拍子。三月は卒業シーズンだ。この曲もよく歌われる。卒業式は、養護学校の教員にとって複雑な思いが残る。「おめでとう」と素直に言ってあげられないためだ。もちろん社会に出て行く高等部三年生とまだ学校に残れる小学部では、卒業式も重みが違う。越谷養護学校時代に僕が作詞作曲した『お別れの歌』を、今も卒業式に歌ってくれていると聞いて、当時の思い出が浮かび上がる。在校生と卒業生のかけあいで歌が進行し、最後に「友よ　友よ　さようなら　さよなら」を全員で歌う。今春理樹君が高等部を卒業するのでレッスンで歌った。

「理樹君、卒業おめでとう」

「ドとソを弾いてくれる？　先生が『翼を下さい』を弾いていくからね」

理樹君は前のめりに鍵盤に向かい音を弾いていく。

「ここは弾けるかな。ドレミミファミレ」

理樹君はよく僕の手の動きを見ている。

「そうもう一回。ドレミミまで弾けたよ。次はファミレ。弾いてみて。ファから、ファミレだよ」

理樹君が少しずつメロディーを繋げていけるので、嬉しさと驚きが交じり合う。

(まだまだ少しずつだけど、メロディーを弾き始めて自分でこの曲を弾いているという実感が出てきたような感じかな)

四月十五日(日)十一時

三月に川越養護学校の高等部を卒業し、四月から川島町福祉作業所「のびっこ」へ通い始めた。お母さんたちの努力による作業所実現である。

作業所では、新しい環境なので慣れるまでに時間がかかる。また新しい友達が入るとそれだけで不安定になることも多い。僕たちでも新しい環境に慣れるまでどれくらいの時間が必要か。

「まだ不安定ですね」手の傷が物語っている。

お茶を飲んでいると、カキッという音がした。湯飲み茶碗を嚙んで割ってしまった。

「大丈夫。出して。口の中に残ってない?」

幸い唇も無傷だ。「よかった」理樹君は頭に手をやっている。困ったなという表情だ。

「やっぱりイライラするのかな」

「さあ始めましょう」

これまで『おもちゃのチャチャチャ』『翼を下さい』『ドレミの歌』を弾いてきた。

「これ聴いてくれる?」僕が『四季の歌』を弾き始めると、理樹君はすぐに身体を揺らし始めた。

イ短調で四分の四拍子。

「『四季の歌』は大好きなんです」とお母さんから聞く。この曲はイ短調で弾いていったが、メロディーが弾けるようになってから、ニ短調に移調して練習した。

もう理樹君は僕の手を見て音を出している。まだメロディーを間違っても自分で直すことはできないが、「変だな」と思うことはあるようだ。最後のシーミレドシドラー（ぼくのちちおや）で僕は気持ちを込めていく。まだ多くの音で伴奏を入れずにメロディーを弾きながらごくシンプルな和音をつけていく。

理樹君が途中で止まり何度も弾き直す。ファーファミレーレファ　ミーミドーラード（すみれの花のような）の所だ。音が一音ずつ飛ぶので混乱している。

「ゆっくり弾くよ」と一音ずつ確かめるように弾いていく。このときは伴奏をつけずにメロディーだけ弾く。伴奏を入れると複雑な音になってしまうのだろう。モデルを示す時はメロディーだけの方がいい。

「もう一回弾いていこうか」

一曲に二十分以上かけても理樹君は弾きたい気持ちが強いために集中している。

「でもよく集中してますね。こういう子も集中して新しいことに取り組むことは大切ですよね」

とお母さんが言われる。実感だろう。

理樹君の気持ちと曲がマッチしたのだろう。知っている曲を弾いていることも嬉しいのだろう。

こんな日は僕も快い疲れが残る。

これは僕と理樹君の座る位置や距離の関係もあるだろう。二人で並んで座っていることが、どれほど圧力から解放されていることか。正面で向かい合うことも大切だが、よい関係でその場にいられる工夫の一つに座り方がある。前に書いたように、これはピアノ連弾の大きな特性である。

六月以降は月一回のレッスンのペースになった。理樹君のパニックが強くなって少し様子を見ることにする。

十月二十八日（日）十一時

前回から一カ月以上あいてしまったので、「ピアノ　ピアノ」と何度も家で連発したと言う。カレンダーを見ても納得しないらしい。これまで月二回のペースだったためだろう。少し目付きが険しい時がある。

いつも通り『川はよんでる』からスタートする。パニックが出るが関係なく伴奏を弾いていくと自分から入ってくる。

「パニックも効果はないな」と思ったのだろうか。いや自分で調節したのだろう。

「ラドミを順番に弾いていこうか。いくよ」

僕はわざと大きく息を吸い込んで合図をおくる。そして一緒に弾き始める。三拍子だ。

「ドミソ」八小節ごとに音を指定する。理樹君は弾く音をすぐに替えられる時と迷う場合がある。迷ったら少し待つ。音を確認してから僕は大きく息を吸う。そして合わせる。

「じゃあさ、先生の弾くのを真似して」ミレミと速く弾く。

「よく見て」「よし次」今度はソファミ。

情緒が安定せず途中泣き顔になりながら弾いている。僕はそれでも少しの間続ける。

終わって椅子に座ると安定する。

「これで終わった」と思っているのだろうか。

「来ることがパターンになってしまっていて、本当は苦痛を感じていても〝来なければならない〟と思っているんだったら一寸考えた方がいいと思うんですが」

「パニックも拒否の意味があったり、理樹君の何らかの表現だと思うので少し様子を見て行きましょう。お母さんも何かあったら遠慮なく言って下さいね。気づかないことが多いですから」

情緒が不安定になる背景を考えてはいるが、これだという結論はなかなか出ない。しかし、ご家庭と協力して理樹君のパニックについても話し合いながらレッスンができるのでありがたい。

「弾いてみてテンポが速かったり、弾きにくい所があれば入れ直しますから」。家でのピアノ練習用テープを渡す。

十一月十二日（日）十一時

とても気分がよさそうに入ってくる。表情がよい。来てすぐトイレに直行するが、すぐに用を済ませ出てくる。

「おはようございます」挨拶する。

僕が録音しておいたテープをかけて一人で練習しているが、少しテンポが速いらしい。

「すいません。録音し直しますから」

「これでやってみます。ついていけるようにするのも勉強ですから」とお母さん。恐縮する。

『川はよんでる』『翼を下さい』を弾いていく。『四季の歌』はイ短調で弾いていく。メロディーも少しずつ形になってきた。

「ドレミファソを弾いて」ドレミファソ　ソファミレドの音型を繰り返していく。三拍子で伴奏をつける。ゆっくりしていられない。必死でついてくる。

「そうだね、よく弾けているよ」

僕は煽るように少しテンポを加速していく。三拍子から四拍子に移行していくが、四拍目に四分休符が入ると、そこで気持ちを止めたり指の動きを止めなければならないので難しい。「この次も弾いていこう」

『ふれあい』を弾く。ニ短調で四分の四拍子。今日がはじめてだ。まずシ♭に注意するように言い二小節ずつ弾いていく。

・「先生が弾くから見て」黙ってピアノを弾く。
・「レミファソラー　レドシ♭ラシ♭」と歌いながらピアノを弾く。
・「レミファソラー」と歌だけ。
この三つの方法で行った。

何度も繰り返す。中間部は僕が弾いて、はじめのメロディーが出てきたら一緒に弾いてもらう。四十五分集中してレッスンができて、お母さんに拍手をもらう。終わってもよい表情をしている。

平成二年も十二月二十三日（日）を残してレッスンが終わる。理樹君のピアノが知っている曲でメロディーを弾くという形態になった記念すべき年だった。パニックの不安とピアノへの希望とに揺れた一年だった。

でも新しく何かが始まろうとしている。

万感の成人式

一九九一年（平成三年）一月六日（日）
とても穏やかな表情でレッスン室に入ってくる。昨日はお母さんと箱根へ行ってきたとのことでお土産をいただく。

「ありがとう」

僕が口ひげをはやし始めたので、理樹君は不思議そうにのぞき込んでいる。ひげを伸ばすのはそれまでにも何度か試みたが、しばらくたつと手入れが大変なので剃ってしまう。

理樹君はお茶を飲みながらも手を時々頬に当て軽く叩いている。どうも癖になっているようだ。

「始めましょう」

いつも通り前奏を弾き始めるが、メロディーが入らない。「弾いて」と声をかける。

『ふれあい』は、十三〜十四小節目のラーレレ　ミーラド♯レーのオクターブがうまくいかない。僕は指示を出さずにレファラやラド♯ミソの和音を弾いて待っている。少しすると理樹君は音を探していく。また手が頬に向かいかけるが、僕は理樹君に「やらない」と声をかける。それでも手が向かうときは手首を押さえることもある。

「もう一度弾こうか」今度はオクターブのララもよく弾ける。

「次はラドミを弾いてみようか」テンポやリズムはよい。

「じゃあ、ドレミファソ　ソファミレドで弾いていこうか」

僕は手首を少し上げてタイミングが理樹君にわかりやすいようにして、「いくよ」。小声で「サンハイ」が合図だ。

理樹君は勢いよくドレミファソと弾き始める。四拍子で八分音符五つタタタタタ　ウンと四拍目に休符の入る伴奏をつけて、ミレドレミ　ミファミレミのように渦のような音型で弾く。途中から伴奏に四分休符がはっきりするようにリズムを整える。休符には音を入れない。このほうが音楽も締まる。理樹君は少し険しい目付きになるが次第にクレッシェンドしていく。パニックは出なかった。音楽と一体化していくように感じて終えることができた。

終わってから、「この十五日で成人式を迎えます。成人式の会場に行ってきます」

「もう二十歳。早いですね。理樹君、おめでとう」

「二十歳の記念になるかもしれないんですが、五月に野田で知人がピアノの発表会をするそうです。もしよければ、理樹君も出てみませんか。今まで弾いてきた曲をステージで演奏するのと同時に、皆にも、理樹君のピアノを聴いてもらいたいんですが」とお母さんに話すと「そうですね、そういう機会があれば。よろしくお願いします」と、返事をいただいた。

僕自身の二十歳の時を思い出す。成人式には出なかった。

成人式前日に僕はネクタイを理樹君に贈った。

一月十五日、理樹君は成人式を迎えた。当日は静かに座っていられたとお母さんからお聞きした。また二十日には四百人くらいの前で、お母さんが体験談を話し、その後で理樹君が一人でピアノを演奏した。曲目は、『川はよんでる』『翼を下さい』『若者達』の三曲である。音楽の途中で間違えたりしたが、緊張しているのがわかり、そのことが嬉しかったと報告された。小学校の担任の先生も聴いて下さり、涙が止まらなかったとも聞く。障害児を抱える家庭では、成人式はまた特別の思いがあるだろう。平成十年に越谷養護学校で担任をした生徒たちから成人式のお祝いの会に招かれたが、すでに亡くなった教え子もいる。重たい仕事だ。健康でいられることが日常化するとありがたみがわからない。

二月二十四日（日）十一時

川間の駅から歩いている途中、急に林の所でパニックになり十分くらい、頬を叩いたり唇を嚙んだりしたという。あまりひどいのでその場に座らせ「レッスンに行かないで帰ろうか」と聞くと、「行く」というので来たとのこと。レッスン室での表情は悪くなく落ち着いているように見える。確かに唇が切れて血がついている。この頃家では、指示を待っていることが多くなってきたという。（この前は調子がよさそうだったのに。気持ちが揺れる時期なのかな。気持ちの納まりがつかないのかな）と考える。

「さあ、始めましょうか」

『ふれあい』は、ニ短調でシにフラットがドにはシャープがつく。シのフラットは確実になってきたが、ドのシャープはまだ混乱する。十二小節から十六小節にかけて「肩をだいてほしいと」の部分はレのオクターブやドのシャープが出てくる。これまで階名の声かけをしたり、僕が弾いて見せたりした。楽譜で理解することも四年近く行ってきた。確かに目で見て楽譜を理解するのはある意味では大切なことだったと考えている。しかし、最近は階名の指示や少し先にピアノでメロディーを示すことと平行して、メロディーに合ったハーモニーを弾いて待っていると、その音や鍵盤を見て自分でメロディーを探すことも見え始めた。よく耳になじんだ曲では、自分でも弾いてみたい欲求が高まるのだろう。パニックが起こるのは単に予測ができないことだけが原因ではなく、知っている曲を弾きたいけれど弾けないという、自分に向けられたイライラのようなものに変わってきていると感じられた。

三月三十一日（日）十一時

今日は表情がいい。それに髪の毛が伸びている。

「今まで坊主頭で伸ばしたことがないので、成人式の時から試みているんです」

「いいね。青年らしくって。始めようか」

理樹君はまず手を洗いに行く習慣になっているが、トイレに寄ってそのまま十五分ほど出てこない。「ねえ、ピアノのレッスン始めるよ」十一時二十分にレッスンをスタートする。

理樹君は「ありがとうございました」と挨拶をする。

「おね……」とゆっくり言うと、理樹君は「おねがいします」と早口で言う。

「理樹君、先生の弾く音をドレミで言ってくれるかな」

「ラソファミレ」を弾くと「ソファミレド」と言う。

「もう一回弾くからよく見て」テンポを遅めてもう一回弾く。

「ラソファミレ」「うん、そうだね」

「シ　シ　ド　」「ソレミ」「あれっ」

音を飛ばして弾くとわかりにくいようだ。

ラドミ　ソシレ　ファラドを僕の声かけで変えていく三音での即興は、テンポの変化にもついてこられる。少しずつ伴奏を聴きながらパッと音を変えられるようになってきた。

『ふれあい』は前半は全く指示しなくても弾けている。シ♭やオクターブの指さしも今日は出番がない。シ♭から始まる中間部分のミレドシ♭ラーは、ミレ♭を弾いたりするので、五〜六回繰り返すがよく見ている。

「始めはニヤニヤしたけれど真剣なまなざしになったな」と感じながら伴奏を弾く。再びはじめのメロディーに戻ると、予測がつくせいか満足気に僕の方を向いて声を出してくる。

「自分で音を繋げられるようになってきたな」と実感する。

「今度の五月十二日の発表会には、野澤先生も聴きに来て下さるそうです」とお母さんが嬉しそうに話された。

五月六日（日）
来週発表会を控えて最後のレッスン。
この前に渡した家でのレッスン用のテープは『ふれあい』のテンポが早かったようだが、理樹君なりに合わせているという。

「よく練習したのかな」

発表会は即興演奏を含めて五曲演奏する。

「じゃあ、本番と同じように弾いてみようか」

お母さんの方を向いて二人で礼をする。お母さんは拍手を下さる。

「さあ座って」僕は椅子を指さす。

『ふれあい』はシ♭がどうしても弾けずレを弾いている。僕はシ♭レファの和音を弾いて待っている。

理樹君は鍵盤を見ながらシ♭を探してメロディーを続ける。

即興演奏を終えて再び礼をする。

「うまく弾けてるよ。ここのところを注意してね」とメロディーの下降する所を何回か繰り返す。

四十五分経っていた。

理樹君、ステージで演奏

五月十二日（日）

「うちの子どもも、あがることがあるんですね」と、嬉しそうにお母さんが話された。

千葉県野田市の興風会館で連弾を行った。レッスンを始めて五年間が過ぎ、どこかで発表の場がないかと考えていた。ちょうど野田市でフルートを教えている後藤知子さん、ピアノの斎藤敦子さん主催の「リトル　くれもなコンサート」が開かれると聞き出演させていただこうと考えた。お二人とも国立音楽大学出身であり、それまでに斎藤さんには、野田市第九を歌う会で伴奏をお願いしていた。

当日は天候にも恵まれた。リハーサルの時間にはまだ余裕があるが、理樹君、ご両親、野澤先生がホールに姿を見せた。理樹君は背広姿にキリッとネクタイを締めている。とても凛々しく見える。興風会館は昭和初期の建物で、当時は千葉県内でも最新の設備を誇っていたという。今は街灯のガス灯も復活しレトロ調の佇まいが残っている。

ステージでのリハーサルは順調に進んでいった。演奏曲目は、『川はよんでる』（ベアール作曲）、『翼を下さい』（村井邦彦作曲）『オモチャのチャチャチャ』（吉岡治作曲）、『ふれあい』（いずみたく作曲）、それに「即興演奏」である。

『川はよんでる』は、三年前から練習を始めた曲で、レッスンの第一曲目に弾くことの多い曲である。四小節の前奏の後、理樹君のメロディーが加わる。メロディーは両手のユニゾンである。最後の八小節は伴奏のテンポを揺らしながら音楽を整えていく。曲が始まり四小節目には伴奏が八分音符で（ウン）レミファ♯ソラと先に音楽を進めるように、また気持ちを高めるように誘導する。理樹君は、客席前方に座り心配そうに聴いているご両親や野澤先生の方をチラリと見ながらピアノを弾いている。二回繰り返して弾いていくが、二回目は強弱やテンポの揺れをさらに広げていく。

リハーサルが終わると野澤先生がかけよってきて、「理樹君、成長したわね。ピアノを弾きながら客席を見るなんて余裕ね。涙が止まらなかったわ」と、目頭を押さえながら話された。野澤先生のご努力とご両親の深い愛情がなければピアノを続けることはできなかっただろう。

当日のアナウンサーは野田市在住の横山淑子さん。横山さんはNHK新潟放送劇団に十五年間在籍された方で、とても美しい日本語を話される。現在フリーのナレーターとして活躍中である。ご自身がダウン症のお嬢さんをお持ちで障害児への理解も深い。リハーサルを聴いて近くに住む自閉症のお子さんを持つお母様方に連絡を取って下さった。お嬢さんの章子《ショウコ》さんは野田市第九を歌う会にも親子で参加し、ドイツ語で合唱を歌い切った。その後も国技館で行われる第九演奏会にも参加しているという。「少年隊の東が好きなのよね」と、お母さんが話すと隣で少年隊の写真を見ながら恥ずかしそうに聞いていた。今は野田市立あすなろ職業指導所で働いている。

いよいよ僕たち二人の出番が近づいてきた。ステージの袖で出番を待つ。ステージにはたくさんの鉢植えが並べられ彩りを加えている。僕の方が自分の演奏会の時よりもあがってくるのがわかる。鼓動が早まり手に汗がにじんでくる。理樹君は小さく声を出したり僕の顔をのぞき込んでいる。声は調子のよいときや音楽のタイミングに合わせて出すことが多い。これが本来の楽しみ方だろうが、どうしてもステージで演奏している子どもに気兼ねをしてしまう。二部の九番目、今はフルート四重奏で、カステレード作曲『笛吹きの休日』から三曲が演奏されている。

「次はすてきな連弾を聞いていただきましょう。松岡理樹君と土野研治先生によるピアノ連弾です。松岡理樹君は平成二年に埼玉県の川越養護学校を卒業、現在は川島町にある作業所で農作業を行っています。今年二十歳の成人式を迎えました。それでは松岡理樹君、土野先生どうぞ」とアナウンスが終わり二人揃ってステージへ出て行く。大きな拍手をもらい二人で頭を下げる。その後理樹君は客席に向かい一緒に拍手をしている。椅子に座るように促してピアノに向かう。一瞬の静寂。息を整えてから僕は前奏を弾き始める。ベースを付点二分音符でソーレーソーレーと強調し、二・三拍は少し軽く弾いてテンポを決めていく。理樹君は余裕を持って弾き始めた。はじめはほとんど鍵盤を見ないで、客席にいるご両親や野澤先生をしっかり見ている。二回目になってようやく僕の方を見始める。僕は理樹君の息づかいと手の動きやまなざしに気持ちを集中させていく。リハーサルのように最後の八小節はテンポを遅めていく。その一小節前から伴奏は少しテンポを落とし、右手をレド♯ド♮と下降音型、左手をレミファ♯と上昇音型にして緊張感を高める。二人の気持ちが合ったところで一曲目は無事終わった。

第二曲『翼を下さい』は平成二年から始めた曲。行事や卒業式でも歌われる曲であり、作業所の行事で理樹君が伴奏できればよいと思った曲である。四分音符でドミソの和音を弾いていく。これでテンポが決まる。理樹君はいいタイミングでメロディーを弾き始めた。三連音符もリズムよく弾いている。『この大空に』からの後半はシンコペーションのリズムが出てきて複雑になるが、これもスムーズに弾きこなしている。伴奏の多くは四分音符を中心にテンポを刻んで行くが、シンコペーションでは伴奏もリズムを合わせる。最後はやはりテンポを遅めて曲を締めくくる。一曲終わるごとに拍手をいただき、座ったまま軽く会釈をする。やっと気持ちも落ち着いてくる。三曲目は『おもちゃのチャチャチャ』。二人ともいくらか気持ちに余裕が出てくる。「チャチャチャおもちゃのチャチャチャ」と二小節の前奏後、元気にメロディーが入ってくる。ソソソ♯　ラララ♭　ソシドと♯や♭も正確に弾いている。二回目は六小節目に八分音符を三つ「チャチャチャ」とベースに入れて音楽を盛り上げる。

理樹君の弾き方で、「オヤッ」と思ったことがある。それは半音で音が上下する「チャチャチャおもちゃの」の所で、よく見ると全部の音を小指で弾いている。さらに左手は全部の音を弾いているが、右手はところどころ音を抜かしている。それでも音楽は流れて乱れない。「なかなかやるな」と内心思う。オリジナル曲でレッスンをしていたころ、指づかいを随分練習してきたが、今は自分で工夫して弾いている。僕自身もあまり指づかいにこだわらなくなっていた。この曲は最後の二小節を少し早めて勢いよく終わらせる。残響が客席に聴こえるのがわかる。あとで斎藤さんから「ピアノが壊れるかと思った」と聞かされたが、迫力はあったようである。四曲目は対照的な『ふれあい』である。この曲は一つの挑戦である。平成二年の十一月からレッスンを始めたが、ニ短調でシ♭やド♯が出てくる。レッスンでは二小節ずつ僕が弾いてモデリングしたり階名を言って誘導してきた。この時のタイミングが難しい。声かけが遅すぎても早すぎてもいけない。小節間の微妙なす

20歳の理樹君。初めてのステージ
（上）左が野澤珪子先生、右が著者

きまに声をかける。また中間部分は僕が弾き、再び初めのメロディーが出てきた時に理樹君に弾いてもらう。この方法はメロディーを確認することや人の演奏を聴くこと、自分でメロディーを弾きたいという気持ちを高めること、集中力を持続させるうえでも有効だった。またメロディーが混乱したときに、僕がその部分の和音を弾いて待っていると、理樹君はその音を見て自分でメロディーを弾くことも見られるようになった。目で耳でそして実際に音を出してメロディーを再現していくようになってきたとはいえ、本番で、ましてや人前でどう弾けるかと心配もあった。シャープやフラットの位置を間違えないか。もし途中で混乱してパニックになったら……。前奏は少し長めに八小節弾いていく。滑らかな出だしである。十七小節目から少しつっかえる。理樹君の弾くメロディーはシ♭ドレファーミで、僕はGm7（ソシ♭レファ）の和音を弾いて待っている。少ししてシのフラットから始まるメロディーが聞こえてくる。二回目の方がつっかえることが少なく弾けている。もうパニックの心配はないようだ。

即興演奏は僕がまず説明する。

「即興演奏は楽譜は全くありません。私がラドミ　シレソとその場で言って彼がすぐ弾く音を変えていきます。どうなりますかお楽しみに」

はじめはラドミ。いくぶんゆっくりと慎重に音を出していく。次はドミソ。とても順調。理樹君は上体を左右に揺すったり座る位置を少し左右にずらす。テンポを落としてシレソ。しかもピアニッシモで。いくぶん背中を丸めて弾いている。「あっ、つっかえた」ドファラだ。僕は理樹君に合わせてテンポを変えていく。「よし、ピッタリ」次は僕に合わせてもらおう。テンポや強弱、和音が展開しながら最後はクレッシェンドとアッチェレランドではじめのラドミにして終わらせる。二人勢いよく椅子から立ち上がる。大きな拍手。野澤先生から大きな花束を二人ともいただく。その花束を理樹君に渡す。理樹君の誇らしげな顔、二人とも額に汗が浮かんでいる。拍手に送られてステージを下がる。

横山さんは「こういうピアノの楽しみ方があるんですね」とおっしゃった。

僕は理樹君にステージを経験してもらえたことがとても嬉しかった。

レッスンの中断――思いがけない病気に倒れる

七月七日（日）

この日僕は埼玉県松伏町の田園ホールエローラで、後藤・斉藤さんのグループくれもな主催の演奏会にゲスト出演した。伴奏は長谷川綾子さん。しかし、この春から咳が止まらず疲れが取れない。診察も受けたが特に心配ないとのことだった。体力を付けようとスポーツクラブに通っていたのが裏目に出たようだ。あまりにも急速にステップアップしていった。演奏会の当日は起きるのがやっとの状態で、リハーサル後の昼食はほとんど喉を通らなかった。そして本番。歌い始めてすぐに「何か変だな」と感じる。声が飛ばない。息が喉で止まってしまうようだ。先月六月十四日にこまばエミナースで行われた西内静先生の追悼演奏会で歌った時とはまるで違う。いい演奏ができなかったという悔いばかりが残る。演奏会場から帰る車中でハンマーで殴られるような頭痛。「ただの頭痛ではないな……」髄膜炎だった。家の者は別室に呼ばれ、「穏やかに聞いて下さい」と後遺症のことを宣告されたと後から聞いた。二十日間は面会謝絶だった。四十日間入院して九死に一生を得た。新しい命をいただいた。退院直後に学校へ挨拶にうかがった時、手摺りにつかまりながら歩いている僕の姿を見て、「再起できるかな」と誰もが思ったらしい。この経験は、その後の僕の生き方に大きな問いかけを残した。

理樹君とのレッスンはしばらく行うことができなかった。体力を取り戻すのに多くの時間を費やした。平成四年から五年にかけては、まだ僕の体調が思わしくなく、学校には行っていたものの、帰るとぐったりする日々が続いた。

一九九二年（平成四年）

僕は再生を図るべく十一月二十八日（土）に野田市文化会館の名曲コンサート・音楽の花束に出演した。曲目はドイツ歌曲が中心だが、後半はドヴォルザークの『ジプシーの歌』全曲を選んだ。ピアノ伴奏は宇津木直子さん。他にはフルートの後藤知子さんとピアノの斎藤敦子さん。

『ジプシーの歌』は、僕が昭和五十四年に新宿のモーツァルトサロンではじめてのジョイントリサイタルで歌った思い出の曲だ。「もう一回舞台で歌いたい」という気持ちが僕を奮い立たせたが、休憩時間には楽屋のソファーで横になっていた。


翌年の五月二十九日（土）に、財団法人　興風会主催で、野田市の興風会館で恩師西内玲先生とジョイントリサイタルを行った。ブラームスのアルトとバリトンの二重唱もプログラムに加えた。西内先生とのジョイントは僕の夢だったのでとても感激した。

この頃からやっと体力が戻ってきたかなと実感できるようになった。

ピアノでの対話——即興演奏

一九九三年（平成五年）六月二十七日（日）十一時

「先生お身体はいかがですか」「おかげさまでずいぶんよくなりました」

「理樹君は元気だった?」「元気だった」

お茶を飲みながらレッスンがお休みだった時の様子を聞く。

「しばらくは先生が風邪だから、病気だからレッスンはお休みよ、と言って納得させていたんですが、その言い訳も通らなくなって、休みが長くなるとピアノピアノと言ってくるので、納得させるのに苦労しました」

「理樹君ごめんね。これからまたレッスンしていこうね」理樹君は僕の顔を覗き込む。

「久しぶりだね」こちらが緊張してくる。『川はよんでる』から弾こうか。覚えてるかな」

理樹君はメロディーをよく覚えていて、きれいに弾き始めた。

「よかった。忘れていないね」

『歌えバンバン』の前奏を弾くともう身体が動いている。「ああ、身体に音楽があるな」と思う。

ブランクがあるので♯や♭はつかないが、大方のメロディーは覚えている。

しばらくぶりなので少し速めにレッスンを終える。それでも三十分以上は集中して行えた。理樹君の顔も晴れやか。

七月十八日（日）十一時

休んでいる間がけっこうあったので、僕の方も今までのレッスンの調子を取り戻すのに時間がかかった。それは理樹君も同様だが、すべてのことがかなり速いペースで取り戻せている。

「ドとソの音を一緒に弾いてくれる？」と言ってから、二分音符でドとソ（五度音程）を同時に弾いて見せる。はじめは二分音符にならずに、急くようにだんだん速くなる。僕はそれを止めずに理樹君の弾き方に合わせて同じように五度音程で弾いていく。

僕は急に弾くのを止める。そして待つ。

理樹君はまだ弾くのを止めない。再び理樹君に合わせてピアノを弾いていく。

また弾くのを止める。いくぶん鍵盤から手を離して待つポーズをしてみる。

「少し気づいたかな」と思い理樹君を見る。三～四回繰り返すと理樹君はピアノを止めることができる。

「……」

息を止めているような時間。無音の時間が瞬時できあがる。

「──」

鼻から息を吸い呼吸を整えてから、再びピアノを弾き始める。お互いの息づかいが合ってくる。

「次はドとソを順番に弾いてみようか」と声をかけ弾いて見せる。

理樹君は僕の顔をじっと見ている。同じように弾き始めたが、これもまただんだん速くなっていく。一定のテンポで弾き続けるのは難しい。

「それじゃ『若者達』を弾くから、理樹君はずっとドの音を弾いてみてくれる?」

と声をかけてから、ドー、ドー、と付点二分音符で弾いてみる。「一拍目に合わせて弾けばよいのだが」と思いながらメロディーを弾き始める。今度はメロディーを知っているせいかスムーズだ。

だが途中からメロディーを弾いてしまい、「ドー」が途切れる。

「ドー、ドー」と歌いかけながらメロディーを弾いていく。今まではメロディーを弾いていたので別のことは難しい。僕がメロディーを弾く場合は、理樹君はオブリガートの役目で、理樹君がメロディーを弾く場合には、僕は伴奏にまわる。常に連弾の形をとっているが、理樹君は右側に座り高音部を、僕は左側で低音部を担当する。時折座る位置を変えたこともあるが、基本的なテンポを設定したり、音楽的な膨らみを持たせるには僕が低音部を担当したほうが良いようだ。

八月二十五日（木）十一時

「そうだね、じゃ次にさ、先生と同じように弾いてくれる」

ミレミと速く弾く。理樹君は僕が弾くよりも二オクターブ高くミレミと弾いている。

「オッケー。できたね。次」

今度はミファミ――ソファミ――ある程度速くテンポを設定した方が集中する。

「うまいね」

音は三つしか使っていないが、僕の弾いた音と同じように繰り返している。まるで音が反響しているようだが、これもまた立派な即興演奏だと考えている。言い方を変えれば鏡と自分の関係とも言うことができる。音楽的にどのようにやり取りができるかがポイントになる。音に感情を込めて弾いていくが、理樹君がそれをどのように察知してお返しをしてくるのか。それが大切だ。僕もまた理樹君の出方をみて次の音やテンポを変えていく。少し遅くしたり音を弱くしたりしてみる。理樹君の音に反響するときは、できるだけ美しく返していく。

その後これらが発展して、メロディーやハーモニーへ繋がっていく。

「じゃあ、ドレミファソー、ソファミレドーでやってみよう」

これはもう慣れたものだ。僕は理樹君に合わせて四拍子で一緒にドレミファソー　ソファミレドーと弾いていく。少ししたらソファミファソーに伴奏を変えていく。理樹君の弾く上昇音型ですこし速めて、下降音型でテンポを戻すことを基本としている。これは僕の気質とも大いに関係しているが、テンポ設定は常に速めである。これはエネルギーの強いどちらかというと発散的なタイプの子どもには適していると思えるが、動きの乏しい、ゆったりとしたタイプの子どもは僕自身、苦手意識がある。

(ソでスタカートで切るようにするか二分音符にして、音楽の形をはっきり伝えられないかな)と思い、

「ねえ、ソで切ってみない?」と声をかける。

ピアノ伴奏の音型を理樹君と反対にして弾いてみる。エネルギッシュな理樹君に対抗するような音楽ができあがっていく。

理樹君はうっすらと首筋や手の甲に汗をかいている。気持ちの高揚が伝わってくる。

「ラシドレミ」と、次の音を伝える。

はじめはすぐに次の音型に移れなかったが、下降音型でテンポを緩め、タイミングを見計らって再び声をかける。(うまくいった)

イ短調で伴奏を弾いていく。伴奏のハーモニーをラドミ・ミソ♯シレを中心に作っていく。上昇音型と下降音型を組み合わせながら、自分の気持ちを高めたり押さえたりすることで、気持ちの調整が図れないだろうか。そのことが自分自身をコントロールすることに繋げられないかと考えた。
これらの即興演奏が定着してきたのは、二年前の平成三年の春ごろからである。

十月二十四日（日）十一時
既製曲では、いままでレッスンした曲と並行して、『歌えバンバン』『ジングルベル』『キラキラ星』『チューリップ』『むすんでひらいて』『お正月』の童謡を音楽的な表現で彩りを加えながら演奏した。簡単なメロディーでも気持ちを十分に込めて演奏できたと思っている。このことがその後レパートリーを急速に拡大する基礎になっているように思える。
ピアノの他に、音積み木とペットホンを使って簡単なピアノとの合奏も試みた。

ピアノで対話することは、言葉で対話することと若干の違いがあるように思う。理樹君はどうしてもことばでは抑揚がつかずにオウム返しになりがちだ。いくら僕が抑揚をつけたりオーバーに表現しても、言葉としては一本調子になりやすい。その点ピアノでは、僕のピアノの弾き方次第でいろいろな表現を行える。これも音楽の大きな力である。そこで行われる表現方法がさらに日常生活に反映してほしいと願っている。そのためにもできるだけ美しい音、僕自身の持っている音楽の世界を拡げなくてはならない。僕がパターン化していては先に進めない。

この夏、初めてザルツブルクを訪れて、メゾソプラノの白井光子先生とご主人のハルトムート・ヘル先生のドイツ歌曲の講習会に参加した。その中で白井先生が
「音楽は決して美しいものではない。音楽は人生そのものだから」

「どんな下手な歌でも、その人の真ん中から出ている歌には涙が出るよ」

と話されたが、今も耳と心にその言葉が残っている。

また一人で列車に乗り込み、ザルツブルクからチロルのヴェーグルまでワルター・ベリー教授の声楽講習会に出かけた時に、車窓から眺めたチロルの山々、ツェル湖の美しさは終生忘れないだろう。生きていてよかったとつくづく実感した。


「先生が弾く音と同じ音を弾いてくれる?」

と言って、階名の声かけはせずにドファシの三音を順番に弾いてみる。はじめ理樹君は僕の手を見ようとしない。

「もう一回弾くから、よく見ててね」

二回目はチラッと見てドだけ弾く。

「そう、もう一回弾くからね」

一音ずつゆっくりと弾いていく。ド・ファの二音までだ。弾いてからは僕の方は見ずに右上方を

見ている。

「三つの音は難しいね」

目で瞬間的に物の位置や数字を記憶する子どもはいるが、それは瞬間的にパッと写真のように捉えるのだろう。この三つの音を見ることは、瞬間的に見ていたのでは捉えられない。ある時間、継続的に見続けることが要求される。理樹君は目で僕の指の動きや鍵盤を確かめているが、音は、目の記憶よりも耳で確かめている。

今度はドファシシシと三音目を三回弾くようにする。理樹君は今度は三つの音を全部弾くことができた。

「そうよくできたね。じゃあ、次の音を弾くからね」と言ってレラミの三音を弾く。三音全部はまだ弾けない。三音目を数回弾くようにして少しずつ見続けることにも慣れてほしいと思った。

(黒鍵も入れてみよう)

ソ・シ♭・レとフラットを入れてみる。今度はシ♭を強調するようにしてみる。理樹君は少しずつ見続けることができる。でも黒鍵は難しい。


黒鍵だけを弾くと五音音階(ペンタトニック)になる。五音音階は各国の民謡や童歌に用いられている。宗教音楽でもグレゴリオ聖歌や日本では声明にも用いられている。厳密に言えば西洋のモード(旋法)と日本の音律は異なるのだろうが。僕はよく五音音階で伴奏を弾くことがある。特に自閉的傾向の強い子どもの場合には、機能和声だけで伴奏をつけていくと行き詰まることがある。

「何か違うな」と思う。

機能和声にはこの次はこの和声でなくてはならないという枠組みが強い。情緒的にも混乱している子どもには、いささかのきつさを感じる。その場合、五音音階の方が自由性があり音の束縛も少ない。もちろん五音音階を用いながらも、音楽の構造性を利用して、その子どもに合わせた秩序を構成していくのだが。どんなに無秩序に見えても必ずその子どもなりの行動や音楽の特徴があるはずだ。

僕たちがコンサートでよい音楽を聴いて、「いい時間だった」と思うのは、秩序がすでに形成されているからだろう。

十二月二十六日（日）十一時

理樹君はとても気持ちが高ぶっていて、声を出している。それでも最後までパニックはない。

「さあ今年最後のレッスンだよ。始めよう」

『川はよんでる』から始まり『翼を下さい』『ふれあい』『歌えバンバン』『おもちゃのチャチャチャ』『若者達』まで一気に弾いていく。気持ちの高ぶりがそのまま音に出ている。軽快なテンポだ。

「これ」と言ってオルゴールを出す。戴き物のオルゴールだ。紙を入れて手回しで音が出てくる昔ながらのオルゴールを見せる。

「……」

理樹君が見た時に回していく。

「……」じっと聴いている。

「理樹君、回してくれる?」把手を理樹君の方へ向ける。少し緊張しながらもゆっくり回していく。

「この曲、『星に願いを』だね」きれいな音が流れる。決して大きい音でも強い音でもない。それでも心に染み込んでくる。

「……」最後の音が消えるまで無言。

無言で頭だけ下げる。小さい声で

「終わりにしましょう」

「これレッスン用のテープです。新しく入れたので家で使って下さい」

全十三曲。理樹君に渡す。

平成五年は、また新しい一歩が踏み出せたようだ。

「よいお年を」僕は二人に手を振った。

Ⅳ 音楽への意志（24歳～27歳）

ピアノからフォルテまで——表現の幅が広がる

一九九四年（平成六年）一月八日（日）十一時

「あけましておめでとうございます」

はっきりと新年の挨拶を言ってくれる。手の甲の傷もきれいになっている。

「今年もよろしくお願いします」

「こちらこそよろしくお願いします」

「始めましょう」

『川はよんでる』『翼を下さい』『歌えバンバン』『ふれあい』……まあ順調だ。

『歌えバンバン』ではソに♯がつかないが先へ進む。この軽快な曲は理樹君の得意なレパートリーでもある。少し気持ちが高まり過ぎることもあるけれど、上体を揺らしたりピアノを弾きながら座る位置をずらすなど、身体がうきうきしてくるように弾いている。

「次はこれを弾いてみようか」僕はハ長調で『キラキラ星』のメロディーを弾き始める。『キラキラ星』は誰もが口ずさめる曲で、昨年から少しずつレッスンを始めたので、簡単なリズム変奏は行える。まず最初はメロディー通り普通に弾いていく。理樹君はきれいにメロディーに加わってくる。

僕はOKのサインを示す。テンポを遅めて音も弱くする。理樹君は伴奏に合わせて音を少し弱くしている。リズム変奏では伴奏の弾き方が重要だ。いかに言葉を使わずに音で僕の音楽が伝えられるかだ。次は六拍子にしてタタタタタタと八分音符を六つ。三連音符のようにして弾いていく。一・四拍目に軽いアクセントをつけて先に進むような伴奏にする。この時のテンポは理樹君に譲らない。「ついてきて」と少し気持ちを煽るように弾いていく。(よし次)でも声は出さない。少し遅めのテンポで、タンタッタタン　タンタッタタンのリズムに変えて弾いていく。理樹君が弾けるまではリズムを変えてメロディーも弾くが、リズムに合わせられると僕は和音を強調してメロディーは弾かない。(いいね)これも無言。最後にリズムを元に戻して終わりにしようとするが、理樹君は自分からソソファファミミレともう一回弾く。リズムを変えることはできたが、何か納得いかなかったのかと思う。

「よく弾けたね」僕が握手の手を出すと軽く触れた。

この日『キラキラ星』ではト長調にも移調した。これはすぐに弾くことができた。

「こうやって弾いてくれる?」

ラーミーと二分音符で交互に弾いていく。理樹君も交互に弾き始める。僕はイ長調で『歌えバンバン』を弾いていく。最後を少し遅くして弾いても合わせられている。二分音符はテンポが保てるようになっているが、ラシドレミのように音階で即興演奏を行う方が慣れているので合わせやすい。

今日は十分くらいの周期で不安定になり、三十分目には頭を叩いたが、目をつむって乗り越えようとしているのがわかる。

「家を建て直すので四月過ぎまで、しばらくレッスンを休ませて下さい」

お母さんと理樹君に話す。


昭和五十四年に野田市に越してきてから両親と同居していたが、昭和六十年の結婚を機に同じ敷地内に家を建て両親がその家に住む形になった。しかし、平成五年に独り身になり、それまで両親の住んでいた家を増改築して、今度は僕がそこに住むことになった。十畳のレッスン室は窓やドアも防音にした。床も頑丈にしたので、大工の鳥海棟梁が「車が入っても大丈夫だよ」と自慢した。すでに何本も弦の切れ始めたピアノは弦とハンマーを張り替えるため修理に出すことにした。大学三年の時に買ってもらったピアノなので大事に使いたい。声楽科でC7のグランドピアノを持っている友達はいなかった。ピアノを弾くことは好きだったので〝声楽科ピアノ専攻〟と言われもした。ピアノの中村ミキ子先生に紹介され、父とヤマハの浜松工場まで選びに行ったが、ちょうどリヒテルのピアノ調律をしていた瀬川さんが浜松にいて三台選んでおいて下さり、その中から弾き比べて選んだ。

「一日何時間くらい弾かれますか」と聞かれて、「五時間くらい」とかなり見栄を張った。そんなに弾くはずはない。父は帰りに豊川市内にタクシーを走らせ、戦争中の海軍工廠の跡地を見て回った。

家ができてピアノが入ると桜の季節になっていた。銀行に最敬礼した。

五月八日（日）十一時

「手前の方の家のベルを押して下さい」

と電話でお伝えした。理樹君は新しい家に勢いよくドアを開けて周りを見回しながら不思議そうに入ってくる。

「こんにちは。元気だった？」

「元気だった」と答えながらレッスン室を見回している。

お茶を入れながら、はじめて理樹君が来た時を思い出していた。やはり部屋の中を見回していたが、ずいぶん落ち着いた。しかし、ここのところあまり具合は良くないらしい。

「作業所でも不安定なんです」とお母さん。

「そうですか」手の傷が痛ましい。「四月、五月は、新しい友だちが入ってきたり、指導員さんの顔ぶれが変わったりして、落ちつかないですよね」僕は理樹君の傷を見ながら話す。

「やりましょうか」

新しいピアノでレッスンを開始する。低音が響き高音もキンキンしない。さすがレンナーの弦だ。『川はよんでる』はあまりノリがよくない。この日は『翼を下さい』『歌えバンバン』など今までの曲をおさらいする。

新しいピアノの音を理樹君がどう受け止めるか興味のある所だが、それどころではないようで、まず今までの曲のイメージを思い出すのに大方のエネルギーがいっている。それでも表情はよくなった。

「また少しずつ弾いていこうね」と声をかける。理樹君は珍しそうに部屋を見ている。

五月二十九日（日）十一時
今日はお父さんの運転で二人でくる。

「先生の家の前を通り越してしまったら理樹が振り返ったのでわかりました」

家が増えて周りの雰囲気も変わってしまい、迷うのも当然だ。お父さんと一緒の時は、理樹君も気を使っているように見える。今日は前回より安定している。

『川はよんでる』『翼を下さい』は、ピアノからフォルテまで音に幅が出てきた。タッチもピアニッシモでは力を抑えて弾けるようになっている。

『歌えバンバン』の前奏を弾き始めると、理樹君の好きな曲なので表情が和む。この曲は♯と♭が何カ所か出てくる。ソファ♯ソとラ♭ファラ♭だが、はじめは臨時記号をつけずに弾いている。

「理樹君、聴いて」

何回かソファ♯ソとラ♭ファを繰り返し弾いていく。ファ♯の次はすぐラ♭になりファはナチュラルに戻るが、どうもここが混乱する。ファ♯は弾けたが♭はつかなかった。理樹君にはメロディーがこう聴こえるのだろうか。

僕はこの頃はまだメロディーを正確に弾いてほしいという意識が残っていた。

『キラキラ星』と僕が言うと『キラキラ星』と言葉が返る。一月に弾いたことを覚えていてリズム変奏も僕の伴奏に合わせている。十六分音符で伴奏を弾いていくが、理樹君は八分音符になる。僕は十六分音符をより強調して伴奏を弾く。

「ラとミを弾いてくれる?」と言うと、理樹君は右手をミファソー、左手をラシドーの三つの音にして弾いていく。「そうだね」僕はゆっくりと同じ音で弾いていく。ミとラの外声は音をのばして内声に動きをつけていく。のばす音にはそれ以上音はつけない。

「じゃあ今度は、ターターって音をのばそうか」二音同時に弾いていく。

「ラドミを一緒に弾こう」三音同時に弾いていく。だんだん音が厚くする。

理樹君は音に集中していく。うっすら汗をかいている。

六月十二日(日)十時

「ラミを弾いて」と言うと『赤い靴』のメロディーを弾き始める。赤い靴のメロディーが、ラシドレミーで始まるために「ラミ」でメロディーが浮かぶのだろうか。赤い靴は前に弾いていたのでスムーズだ。僕はラミで伴奏をつけてから、ラシドレミーのメロディーを受けてフーガのように弾いていく。

「どのように、何のために、即興演奏をしていくのか」再び考えさせられる。

七月三日（日）十一時

今日は少し不安定な感じだ。レッスン中も波が見られるが、どちらかというとテンションは高い。『遠くへ行きたい』は二短調で四分の四拍子。シに♭とナチュラルがつくので難しい。中間部の「遠いまち　遠いうみ」では、三連音符で伴奏をつけていく。僕も気持ちが盛り上がる。ここでフラットとナチュラルが出てくる。さらにド♯が出る。「ひとり旅」でテンポを緩め気持ちを整える。そしてはじめのメロディーに戻る。理樹君はメロディーの予測がつくとテンポが速くなっていく。『キラキラ星』は、今まで弾いてきたリズム変奏は伴奏に合わせて行えるようになっている。ト長調もできた。だがハ長調で二分音符でゆっくり弾くことはすぐには弾けなかった。それだけ気持ちや動作を調整することの難しさがあるのだろう。これは僕自身にも言える。テンポの設定やプログラムの展開は早いと感じている。何か常に追われているように思う。

七月十七日（日）十一時

『川はよんでる』はいつも四小節の前奏の後に理樹君はメロディーを弾き出すが、今日は一小節の前奏だけでメロディーを弾く。

「気が急いているな」と感じる。

『遠くへ行きたい』は、まだ一人では臨時記号がつけられないが、メロディーがおかしいと思うのか、僕の弾く和音を見て♭や♯をつけている。二～三回続けて弾いていくが、不安定にならない。

「これを弾こうか」『ふれあい』をイ短調で弾いていく。理樹君はけげんな顔をする。いつもはニ短調で弾いていたからだ。一回自分の頰を叩く。僕は手を持って「ピアノを弾いて」と言う、しかし今度は僕の顔を見ながらゆっくり叩こうとする。それでも一回は最後まで弾いてもらう。

「じゃあ、『遠くへ行きたい』をもう一回弾こうか」前奏を弾き始めるが、理樹君はメロディーが似ているので『ふれあい』の曲を弾き始めた。最後まで表情はよかった。

八月九日（火）十一時

手に包帯を巻いてくる。一日作業所に出て不安定になったようだ。自分の好きな作業ばかりではないだろうし、友達や指導員さんとの係わりも微妙に影響しているのだろう。

「ピアノを弾いて」と言葉をかけて、僕がピアノを弾き続けると、パニックになっていても短い時間で気持ちを転換させてメロディーを弾けるようになってきた。

「以前とパニックの質が変わったな」と思う。自分でもどうしようもなくなって頭や顔を叩いている状態というよりも、叩くという行為が固着しているか、あるいはこれも理樹君の情動の表現か。まだわからない。よくわからない。

『遠くへ行きたい』は、最後まで通せるようになった。理樹君がメロディーを繫ぎ合わせているなと感じる。これは嬉しいことだ。自分の耳を頼りにしているというよりは、僕の手の動きを見ることで音を確かめていることが多い。前に比べると見ることが増えている。楽譜が必要だろうか。

オリジナル曲で楽譜の意味を考えてきたではないか。

パニックとの闘い

八月二十一日（日）十一時

「こんにちは」と言う表情も固くないが、朝から調子が悪く手を噛んでいて、お母さんは車の中でも帰ろうかと思うほどだったという。手首に巻いてあるタオルには血がにじんでいる。

「さあ、始めましょう」

こんな日は慎重に始めるが、あまり神経質になりすぎてもいけない。そんな気持ちが伝わらないように、ごく普通に接しようと思うが、これは実に難しい。僕自身は感情が顔に出やすい人間だ。『ふれあい』は、イ短調とニ短調の二通りで弾いていく。同じメロディーを移調することは、あるものを別のものに置き換えていく作業にならないだろうか。いわゆる象徴機能を高めることに繋がらないかと考えている。途中で二〜三回手を噛むが、僕はピアノの鍵盤を指さして「弾いて」のポーズをとる。理樹君はすぐメロディーを入れる。

十五分したらで声が出て二十分を過ぎると腕に汗を掻いている。緊張と集中のためだろうか。

「『遠くへ行きたい』を弾こうか」

理樹君は「もう弾き方を知ってるよ」と言うように、メロディーを確かめながら弾いている。中間部のリズムはまだ不確実だが、僕は伴奏をベースの音だけにして、理樹君に「メロディーを弾けているよ」と確認してもらう。

レッスンの後、お母さんは理樹君の安定していく様子を見て「来てよかった」と言われた。

九月三日（日）十一時

「この前は帰りの車ではどうでしたか？」

「レッスン中はよかったんですが、車では自傷がありました」

「そうですか」僕は理樹君を見る。機嫌良さそうにお茶を飲んでいる。

「おねがいします」挨拶もしっかりする。

『翼を下さい』は二回目に左手で右の頬を叩き、右手を噛んでいる。僕の顔を見ている。僕はそのまま伴奏を弾き続け、フレーズの最後で待つ。二〜三回繰り返すと左手で右頬を叩いて右手を噛んでいたのが止まり、メロディーを弾き出す。そして泣き顔になった。

「気持ちが動いているな」と思った。

『遠くへ行きたい』では「遠いまち　遠いうみ」の所で僕が八分音符でリズムを刻むので、それに合わせるようにメロディーも八分音符を入れて弾いている。

（いいね）そう思いながら伴奏を続ける。

（これ見て）と声は出さないで、そっと音積み木を見せる。レの音だ。理樹君に渡すとはじめはターンターンのリズムで叩いているが、すぐタタタタと速いテンポに変わる。決して一定のリズムではない。僕はラの音積み木でタッタッタッタッタッと規則的なリズムを叩く。理樹君はどうもリズムが合わない。

「音積み木をくれる？　先生が二つ持つから理樹君は叩いて」バチを二本渡す。レラレラと順番に叩いてもらいたいが、まだ順番に叩けない。どうしても片方を多く叩いたりする。

「それじゃ、理樹君一つ持って。先生も一つ持つから、順番に叩こうね」

それぞれ一台ずつ持って僕から叩きだす。その後理樹君が叩きやすいように楽器を差し出す。

「この方が順番に叩きやすいね」

僕が理樹君の音積み木を叩く時は、持っている音積み木を少し引くようにして、叩けないような場面を作っていく。音積み木を叩いてもらう場所を、上・横・下など変えていく。

（ピアノではいろいろな表現ができてきたけれど、順番に叩くということは難しいのかな。トンータン　トンータンという単純なことだけど、これが意外に難しいんだな）

（秩序か……）と考える。

九月十八日（日）十一時

「来週からハワイに行くんです」

「ハワイに。いいなあ。先生は一回も行ったことがないよ」

お茶を飲みながら理樹君に言う。

「始めましょう」挨拶をして『川はよんでる』から始める。数曲弾いてから、

「ミとラを順番に弾いてくれる」いつも通りに言葉をかける。僕はラドミやレファラなど短調の和音を軸にして三拍子の曲を入れる。理樹君は二小節で自分の弾き方になり持続しない。

（この場で作る新しい曲のせいかな。知っている曲を弾いた方がわかりやすいのかな）

（音楽と一体になりながら秩序形成はできないものだろうか）

（秩序と言ってもただ順番に弾くだけでは意味ないしな）

（うーん……）

（さっき弾いてもらった、『遠くへ行きたい』や『ふれあい』も、メロディーを自分で探しながらよく弾いていたし、ニ短調の曲を二曲続けたので迷うかと思ったらきちんと弾き分けているし。この方がいいのかな）

弾きながらいろいろと頭の中は考えが巡っている。僕は二分音符を弾きながら、だんだんテンポを速めてクレッシェンドする。そしてフォルテで終える。クレッシェンドの最中はトレモロのように細かくリズムを刻む。理樹君は一寸びっくりしたような顔を見せるが、僕と一緒に音を止める。

「うん、やってみよう」繰り返していく。理樹君も真似してクレッシェンドする。音が止まった時に必ず僕を見る。余韻を聴く。そしてわずかの音の無い空間。重ねるうちに二人の息が合ってくる。

音を止めた時に声を出すこともある。(何かいい感じだ。音楽と一体になっている気がする)

これは僕のエネルギーの発散と調整だったかもしれない。それでも何かぴったりとくるものを感じたもの事実だ。

「模倣してくれる?」

黒鍵ミ♭を弾いてリズム模倣を行うが、ターンタタンやタンタンタンは模倣できるけれど、タタタタタンのように叩く数が五つになると難しくなる。

(これは新しいリズムのためではないな。メロディーは音程があるので手がかりを持てるが、リズムの場合は同じ音程で、あとは叩く数が記憶の手がかりになるからかな。あるいは黒鍵だからかな。前はこのリズムは叩けていたが)と考える。

「ありがとうございました」

「はい、ありがとうございました」と僕は軽くお辞儀をする。

「じゃ気を付けてハワイに行ってきてね」

十月十六日(日)十一時
「ハワイはどうでした?」
お土産を前に聞いてみる。
「今回はパニックが多くて不安定でした。それでも帰りのバスの中で『まっかな秋』を歌って拍手を浴びました。何にもできないと思われるのもかわいそうだし……。添乗員さんも感激してました」

お母さんの気持ちが伝わってくる。

「そうですか。理樹君よかったたね。さあ始めよう」数曲弾いてから、「ドとソを弾いてくれる。一緒に弾いていいから」僕も二音同時に弾いていく。テンポが安定した頃、『キラキラ星』のメロディーを弾いていく。理樹君もメロディーを弾こうとするので、「ドードー」と声をかける。理樹君は再びドとソを弾く。曲の終わりかける前に、「次は理樹君がメロディーを弾いて。ドドソソだよ」と声をかける。曲が終わり、「はい」の合図で理樹君は戸惑いを見せながらもメロディーを弾き始める。僕は低い音でドとソを弾いていく。

「なかなかいいじゃない。もう一回弾いてみよう」

この日は『若者達』でも同じように弾いてみる。

「こうやって役割交換ができればいいな」

新しい力が湧いてくる気持ちだった。

十一月十二日（土）十時半

「やめて」

ピアノを弾き始めようとした時に理樹君が頭を叩きかけたので思わず声を出した。理樹君は手を止め僕の方を見る。

前奏に続いて理樹君のメロディーが加わる。『川はよんでる』から始まり、最近レッスンしている曲を続けて弾いていく。気持ちが安定しているように見えるが、途中何度か頭に手が行く。しかし、もうあまり長引くことはなく、いつしか叩かなくなっている。

『遠くへ行きたい』は♭や♯を忘れるので、気持ちが落ち着いた頃にモデルを示す。

「ゆっくり」と言葉をかけなくても、アダージョの伴奏に合わせられるようになってきた。（前はテンポが速くなったが落ち着いた）

「理樹君、この布を持ってみて」僕は赤い風呂敷を渡す。ヨーヨー・マとボビー・マクファーリンのCDから、ラフマニノフのヴォカリーズをかける。音楽に合わせて風呂敷を自由に動かしていく。僕は別の紫の風呂敷を動かす。僕は肘を伸ばしてなるべく高く風呂敷を動かしていく。「肘がもっと伸びないかな」

レッスン室は空いたスペースがほとんどないので、動き回ることができないのは残念だ。

「一緒に持とう」途中で声をかける。風呂敷を上下や左右に動かす。肩や肘の力が緩んでくる。

次にゆっくり回る。その間も理樹君の顔を見ている。理樹君は顔を横に向けることもあるが僕を見ている。（何が起こるのだろう？）膝を軽く曲げていく。「もっと重力に身を任せよう。なるべく膝に重心をかけよう」音楽と運動との一体感はまだ感じられない。

「最後に『川はよんでる』を弾こう」と誘う。

肘を伸ばして手を大きく動かす時には、手に何か持った方が動かしやすいことが多い。布や撥《ばち》を持つことで、自分の手に気持ちが集中したり、手を空間に置くための手がかりにもなる。

十二月十八日（日）十一時

「先週は自傷が多くて一週間作業所を休んだんです」手に包帯が巻いてある。

「そうですか」一呼吸してから「始めるよ」

「この楽器を吹いてくれる？」僕はペットホンを渡す。レの音だ。「トゥートゥーと吹いて」

『赤鼻のトナカイ』と『あわてんぼうのサンタクロース』の二曲を弾く。理樹君は途中から言われたように吹いているが、メロディーのリズムになっていく。（歌っているのか）と思いながらピアノを弾いていく。また時折ピアノを止めたりフレーズの終わりで待っていると、あわてて音を出すこともある。

「音積み木を持って」ミとラの音を渡す。はじめは僕が叩いていく。「交換」と言って楽器を受け取りバチを渡す。「交換」の合図で何度か繰り返す。僕が楽器を持つ位置を変えていく。理樹君は上体でリズムを取っているのがわかる。僕は『聖夜』のメロディーを歌う。

「もうクリスマスの季節か。早いなあ……」

十二月二十七日（火）十一時

「早いですね。もうお正月ですね」

「理樹君、家で何か手伝ってる？　大掃除終わった？」聞いていないふうにしている。出された

ケーキに気が行っている。

「さあやろうか」

「今年一年間練習した曲を弾いていくよ」

「川はよんでる、若者達、ふれあい、オモチャのチャチャチャ、遠くへ行きたい、キラキラ星、

即興」という流れだ。

慣れている曲、まだ怪しい曲とあるが、自分で気持ちを調節しようとする姿が見られた一年だっ

た。音楽との一体感も少し光が射してきたかな。ともかく今年もあと少しだ。

「よいお年をお迎え下さい」

僕は二人を見送った。

知っているメロディーを鍵盤の上で探す

一九九五年（平成七年）一月八日（日）十一時

「あけましておめでとうございます」元気に新年の挨拶をしてくれる。

「今年もよろしくお願いします」

「今年も……」をお母さんが言うと、そのあとに「お願いします」と腕をわきにつけて手を横に上げながら早口で言う。

ゆっくりお茶を飲んでから「始めようか」。ピアノの横で挨拶をして、『川はよんでる』『おもちゃのチャチャチャ』は軽快に進む。「踊るおもちゃの」の所は、ソソソ♯ソラララ♭で黒鍵が加わるが、理樹君はテンポに遅れないように必死に弾いている。指は右手が小指、左手が親指だけ使う。他のメロディーは理樹君なりの工夫をしている。

「あまり指使いを細々言わなくなったな」と思う。

『若者達』や『遠くへ行きたい』など弾いていく。作業所も始まっていないので、のんびりしている。「明日から作業所が始まるの？」と聞くと、理樹君はいい顔はしなかった。

一月二十二日（日）十一時
理樹君は風邪気味の様子だ。朝食後に少しイライラして手を噛んだらしく、手首に包帯が巻いてある。
「これ吹いてくれる？」ドの音のペットホンを渡す。「トゥートゥーと吹いて」
僕は理樹君の吹くテンポに合わせてピアノを弾く。ハ長調を基本にしながら七度や九度の和音を入れて弾く。次に『キラキラ星』『贈る言葉』に移る。この時は僕のテンポだ。まだトゥートゥーと連続して吹くことは少ないが、メロディーを聴きながら曲の終わる所は合わせることもある。吹く楽器はその人の特徴が見やすい。楽器の持ち方、息の出し方、音楽との合わせ方、身体のバランス、そしてまなざしの向け方。

音積み木も叩いてもらった。僕が楽器を持って理樹君に叩いてもらう方がよくできる。楽器を持つだけの方が運動を起こさないですむので楽なはずだが、理樹君は自分の音楽をしっかり持っているのだろうか。

『贈る言葉』のメロディーを弾いていく。ペットホンの伴奏でも弾いた曲だ。この曲が流行っていた頃、ちょうど越谷養護学校で中学三年を担任していたので、僕にとっても思い出深い。

「ソドド」「ミレド」「ラド」と『贈る言葉』のメロディーを弾きながら階名でガイドする。理樹君は僕の手の動きと言われた階名を聞きながらメロディーを弾き始める。メロディーが切れ切れになったりして、まだ形にならないが全曲を二〜三回通す。とても落ち着いてピアノを弾いている。

「この曲は好きで妹に歌詞を書いてもらって歌っているんですよ」レッスンが終わってからお母さんからうかがった。

「それじゃあ、全部弾けるようにしよう」

(好きな曲を弾いていくことで何かが始まるかもしれない。この曲は今まで弾いてきた曲よりも長いし……)「さようなら」と挨拶をしながら考えた。

二月十九日（日）十一時

この頃、手首の包帯が続いている。レッスン中は時折嚙みながら僕の方を見ているが、そのままピアノを弾いていると、再び自分から弾き出している。そんな時は、フレーズやメロディーの区切りをより強調して理樹君が入りやすいようにする。

ちょうどこの時期、音楽療法の原稿執筆を依頼され、松井紀和先生を中心に書き進めていた。このメロディーや曲の終わりを弾いてもらおうと考えたのも、松井先生の提唱されたBED－MUSICが頭にあったからである。BED－MUSICは八つの技法の頭文字から成っている。七月に『音楽療法の実際』（牧野出版）が出版された。

『贈る言葉』は中間部のイ短調にかわる所で混乱する。「ドシラ」「ラララミ」「ドドシ」「シラソ」とフレーズの切れ目にタイミングを見て入れていく。その時のピアノのテンポにより階名を言うタイミングや階名の言い方も変える。前奏では、ベースでド・シ・ラと弾いてからラドレーミソドーとメロディーを弾くと理樹君はきちんと待つことができ、はじめのメロディーも入りやすい。理樹君は自分で一回だけ階名を言いながら弾いていた。

「お母さんに音積み木を叩いてもらって、理樹君はペットホンを吹いて一緒に演奏してみよう」はじめてお母さんにも加わっていただいた。はじめは即興でピアノを弾いていき、途中で『贈る言葉』に変える。理樹君はお母さんを気にしているが、それでも最後には「トゥートゥー」のリズムが一定になってきた。

「よくできたね。どう、お母さんと一緒に演奏した感想は？」

理樹君は言葉にはならないが、照れくさそうな嬉しそうな顔だった。

三月五日（日）十一時
『川はよんでる』『若者達』『おもちゃのチャチャチャ』は慣れたもので僕の方を見ながらよく弾いている。前は僕が理樹君をよく見ていたが最近は反対だ。見られることはけっこう圧力になることを実感する。反省。理樹君はこの頃小指だけで弾くことが増えた。オリジナル曲で指使いをかなり練習したが、理樹君なりの弾き方を見つけたのか。リズムやメロディーも正確に弾いている。

（これでいいじゃないか）と思う。

『贈る言葉』は前半はメロディーが形になってきた。中間部は何度か繰り返す。僕は階名でガイドしながら進めていく。僕が理樹君に合わせる時と、理樹君に合わせてもらう所をきちんと分けて進めた。僕はメロディーをハミングして待っていると、理樹君はメロディーを探し始める。何度も繰り返すがパニックにはならずに集中して弾いている。中間部では表情が固くなるが、曲の終わりに近づくと声を出したり最後の「ラドレーミソドー」とメロディーを弾くことができる。僕は『贈る言葉』と小声で歌うと理樹君も歌っている。

理樹君を見ていると、テンポの変化が上体の揺れに現れ、その次にピアノの音で確かめているように感じる。身体は気持ちが正直に現れる。レッスン中にしだいに表情がよくなっていくが、発散し過ぎてハイテンションになり過ぎることもある。その加減が難しい。

「来る途中に自傷が多く、〝帰る?〟と聞くと、〝行く〟と言うので来たんです」「家ではあまりピアノを弾かないので、新しい曲の時は、パターンになるまで定期的にレッスンを受けたいんです」とお母さんが話された。

ピアノを弾いて楽しみの時間を作りたい。余暇時間を充実させたい。というお母さんの願いに、僕はどれくらい答えられるだろうか。

三月十一日(金)に川崎市の井田病院で、ピアノが寄贈された記念に「ひな祭りコンサート」と題して歌わせていただいた。伴奏は雄倉恵子さん。この日は栄養部の職員の皆さんが誰にでも食べられるお菓子を用意して下さったり、素敵なお花を飾って下さるなど、病院の姿勢に感服した。僕はシューベルトのセレナードや山田耕筰の『この道』、新実徳英さんの『白い歌　青い歌』から数曲を歌った。この時に歌詞を間違えて歌い直したのだが、すぐに「すいません。歌詞を間違えたので歌い直します」と言うと、それまでの張り詰めたような空気が急に和むのを感じた。むろん間違うことはよくないが、肩肘張って歌うよりも自分を素直に出した方が聴く方も聴きやすいのだろう。間違ったまま歌っては作曲家や詩人に申しわけない。井田病院では、二百人くらいの患者さんやご家族の方が熱心に聴いて下さった。中には点滴の患者さんや車椅子やストレッチャー(寝たままで移動する台)の方も聴いて下さった。歌い終わってからある職員に「あれ(間違い)が計算だったらすごいですね」と言われたが、計算は必ず見破られる。本当に間違えたのだ。院長先生は「桜の季節は見事ですよ。またぜひ来て下さい」と言って下さった。

一九八四年（昭和五十九年）に日本演奏連盟の「えんれんコンサート」に出演した時にも、ベートーヴェンの『五月の歌』でやはり歌い直したことがある。曲が自分の身についていない甘さからだろう。恥ずかしい。病院や高齢者の施設で歌う時に限らず、どんな場所でも歌うときに心がけることは、耳障りな発声や歌は止めようということに変わりはない。

三月二十一日（火）十一時　春分の日

「バンドエイド下さい」と理樹君はお母さんに言わされている。車の中で少し荒れたようだ。「お母さんも大変だな」と思う。

『贈る言葉』では、中間部がやはり難しい。僕は階名とメロディーのモデルを行う。また歌詞をつけて歌ったり、ハミングやラララーと声にしたり工夫してみる。何回か繰り返すと確かめながら弾き始める。記憶の糸を繋ぎ合わせているようだ。記憶と再生が行われているように感じる。再び曲の出だしのメロディーを弾く時は安心した表情で弾いている。解放感を見せている。

「音積み木を叩こうか」とテーブルに二つ置く。どうしてもまだピアノに合わせて順番に叩けない。テンポが速くなる。僕は指で順番に楽器を示す。この方がテンポは合う。再びピアノを弾くが理樹君は二音同時に叩く。もう言葉も指の指示もなくして、理樹君の叩き方に合わせて音楽と一致させる。すると理樹君は僕の方を見た。「あれっ」と思ったのだろうか。それとも「こうやって僕に合わせてほしい」と思ったのだろうか。

四月二日（日）十一時

今日は手に包帯はない。「作業所が春休みで、その影響もあると思います」とお母さん。作業所の作業種や友達との関係は理樹君には一番の問題だ。毎日一定の時間は過ごさなくてはならない。もし作業所で必要とされる事柄が、僕とのピアノのレッスンを通してわずかでも改善されたり、過ごしやすくなればそれ以上は望むことはない。そして何より自分の時間を楽しめることだ。頭を叩いたり手を嚙むこともレッスン中に見られるが、それも作業所や社会の中で理樹君が過ごしやすくなるための一つの過程であってほしい。

お茶を飲んでいると手を嚙む。僕はただ湯飲み茶碗を指さした。理樹君はまた飲み出した。『川はよんでる』『若者達』はすぐ弾かなかったり僕の顔を見たりするが、一番を弾くと二番から入ってくる。どうも早く『贈る言葉』を弾きたいというサインだったようだ。『贈る言葉』は「ドシラ〜」「ラシドー　ラシドー　ラドレレレミレー」と中間部が形になり始めた。まだ僕の階名や歌詞のガイドも必要だが、伴奏の和音で支えてメロディーが浮き立つようにする。この曲では全くパニックは出ない。

（曲目のカードを作ったり言葉による選曲も考えた方がいいかな）と思う。

「これでトゥートゥーと吹いてくれる?」

ソプラノリコーダーを渡す。音は高いドを指定する。即興で伴奏をつけるが最後を予測したように吹き終える。僕は最後を予測できるように少しテンポを遅らせて弾く。簡単なリズム模倣も吹けた。タンタタタンやターンタタンのリズムだ。(呼吸も整ってきたかな)

「ねえ、これやってみようか」

ピアノで低音から高音へグリッサンドする。白鍵だけの時は真似して弾けた。黒鍵ではミ♭だけしか弾かない。「そうか」僕は理樹君にミ♭を弾いてもらい、黒鍵だけで音楽を作っていく。理樹君はテンポの揺れや強弱も合わせている。よく聴いて合わせている。理樹君はもう鍵盤を見ずに宙を見つめてピアノを弾いている。僕も音楽に入り込めて音楽をしている実感が湧く。

「こういうやり方もいいいな」思わず呟いた。

四月十六日(日)十一時

毎回数曲はレッスンを予定している。そのうちの何曲かはすでに弾いた曲。他は新しい曲。それに即興演奏が加わることもある。でもいつどうなるか始めてみないとわからない。

「ソドを弾いて」と声をかける。一緒に弾きながら、『さあ踊ろうポーレチケ』に移ろうと思ったが、理樹君はソドから連想したのか『贈る言葉』になってしまう。「なるほど」と思いそのまま続ける。『さあ踊ろうポーレチケ』はハ長調で三拍子。4拍子が続いているのでここで三拍子の曲を持ってきた。それに三拍子は音楽が流れて気持ちも入りやすい。

そのまま『小さな世界』を僕は弾いていく。途中で理樹君とメロディーを交換する。階名でガイドする。オクターブの音は鍵盤を指さすときちんと弾くことができる。

「笛を吹いてみようか」とリコーダーを渡す。僕は『贈る言葉』『小さな世界』を弾いていく。理樹君は「トゥートゥー」と僕が言わないので、二曲ともメロディーのリズムで吹いている。僕もリズムをはっきりと、強弱や表情をつけながらピアノを弾いていく。「笛で歌っているんだな」と思う。

五月十三日（土）十一時
「日曜や休日の前の日は調子がいいんです」「そうですか。やっぱり仕事じゃないほうが楽しいよね」理樹君は気持ちも安定しているようで僕を見ている。

「『贈る言葉』を弾こうか」

『贈る言葉』の弾く様子を見ると、最後のフレーズ「ラドレーミソドー」で低いソの跳躍が不確実になる。階名で言ってもミと低いソの音の跳躍までは言いきれない。（何かよい方法はないかな……）

「これを聴いてくれる？」次に僕は『愛燦々』をゆっくり弾いていく。テレビでよく流れている曲だ。歌詞もとても気に入っている。名曲だと思っている。

僕はフレーズごとに階名を言いながら曲を進めていく。「ソドレミ」「ドレミ」「レドラシ」タイミングを見て入れていく。間違うと途中で止めて弾き直していく。

「ドソーー」「そう」「ソドレミ」……「ソドレミ」三連音符も何とか弾けている。

『愛燦々』は全曲を通して弾いていく。中間部の「ラアーミイーラソオーミレミー」は理樹君のリズムが「ラーミラソミレミ」となっている。二分音符や八分音符を短く弾いた所もあるが、音は正しく弾いている。「うまく弾けるようになったね」と思わず言う。気分よさそうに握手する。

（よくついてこれるな。この曲は弾いてみたいのかな）新しいレパートリーが増えそうだ。

六月十八日（日）十時

この日は僕が午後から西内玲先生のレッスンを受けるので一時間早めてもらう。

「すいません。早くしてもらって。レッスン用のテープを録音しておきました」

今までにレッスンした曲や新しい曲も入れる。これまでもテープは作ってきたが摩耗が激しいのと、新しい曲を家でも練習するためだ。テープを作る時に一番注意するのはテンポの設定だ。僕のテンポは往々にして速くなる。もともとせっかちなのか、それとも何かにせかされているようにも思う。いつしか僕の中に「ゆっくり」ということができにくくなっている。

テープの曲目は、『川はよんでる』（ハ長調）『ふれあい』（ニ短調）『贈る言葉』（ハ長調）『翼を下さい』（ハ長調）『若者達』（ハ長調）『四季の歌』（ニ短調）『遠くへ行きたい』（ニ短調）『小さな世

界』（ハ長調）『愛燦々』（ハ長調）

まだレッスンを始めたばかりの曲も入れてある。テープは僕が曲名を言ってから前奏を入れる。「はい」と声を入れる所も何カ所かある。

今日は調子よくレッスンが進む。曲も予測がつきはじめたのだろうか。

「じゃあさ、一回テープで弾いてみようか」僕もどうやって理樹君が弾くのかを確かめてみたい。「テープかけるよ」やはりレッスンでよく弾けた所はスムーズだ。難しい部分はやはりつっかえたりするが、よくテープを聴いて合わせようとしている。「これで練習してね」とテープを渡した。

七月九日（日）十一時

最近は気持ちが安定しているのでレッスンも集中時間が持続する。僕も最近はあまり疲れなくなった。四年前、平成三年七月に四十日間入院してから注意している。少しずつ体力が戻ったかなと思えるようになった。

理樹君を見ていると調子がよい時と悪い時が周期的に来るように思える。しかし、調子の悪い時も以前よりは長引かず、気持ちの切り替えはうまくなったと感じる。これはメロディーを僕と交互に弾いたり、新しい場面に適応するように即興演奏を行ってきたことも、少し役に立っているのだろうか。穏やかにレッスンが進むときは、僕も気持ちが穏やかになる。この反対のことも言えるだろう。僕の気持ちが落ちつかないと、それが必ず音楽にでる。理樹君は僕の様子を見ているのだろうが、それと同様に、いやそれ以上に僕の音や音楽を聴いている。まず僕自身の音を高めることが必要だ。

七月二十三日(日)十一時

お父さんと来る。しばらく調子がよかったが今日は少し不安定さがある。

「さあ」と促してレッスンを始める。

いつもお父さんの時はあまりお父さんを見ないが、今日は何度か見ているなと思っていたら、手を噛みながらお父さんを見ている。僕はピアノを弾き続けて音楽へ誘うようにすると自分からメロディーを弾き始める。

『川はよんでる』『翼を下さい』ではマイペースになり、二分音符を四分音符に縮めて弾いている。『愛燦々』ではリズムを変えてテンポを速めるように弾いている。

(やっぱり気が急いているか、納得のいかないことがあるのかな)

それでも三十分が過ぎる頃、表情が明るくなり僕の方を見たりして、手を噛むことは全くなくなる。『愛燦々』をもう一回弾いていくと、この日はじめてよい表情が見られ、「この曲を弾きたかったのかな」と思われる。

「今度はソとドを同時に弾いてくれる?」

『愛燦々』のメロディーを僕が弾いていく。「ドーレミー　ミソラソー」途中からメロディーと伴奏を交換していく。レッスンを始めて四十分経っている。

レッスンが終わると気持ちが安定したのか、穏やかな顔になっている。

「野田市役所に障害を持つ人たちが働く喫茶店があるんです。七月十一日にそこで少し歌うんですが、その時、最後に理樹君と連弾をさせていただけますか。『翼を下さい』を弾こうと思うんですが。理樹君のピアノも皆に紹介したいと思って」とお願いした。

八月八日（火）十一時
夏休みになり気持ちも落ちついている。

『翼を下さい』を久しぶりに、本番同様に礼をして始める。もうすっかり慣れたもので、伴奏の弾き方を変えても余裕をもって弾いている。「先生は背広は着ないしネクタイも締めないからね」

当日はハイネックの群青色に近い大きいチェック柄の洋服を着るつもりだ。

この日は二音でオブリガートを弾きながら、『愛燦々』のメロディーとの役割交換を行った。

「十一日は十二時に市役所に来て下さい」

理樹君は元気に帰って行った。

八月十一日（金）
野田市役所には玄関を入ってすぐ右手に、障害を持つ人たちが働く喫茶店「つくしんぼ」がある。

ここでは毎月一回、昼休みを利用してコンサートが行われる。市役所には一階ロビーにグランドピアノも設置されている。伴奏は雄倉恵子さん。ベートーベンやシューベルト、それに越谷養護学校の教え子、村田玲子さん作詞、僕の作曲による『雲』などである。越谷西養護学校の教え子や多くの方が集まって下さったが、途中で声がかすれたり歌詞を間違えたりと演奏は散々だった。ふだんの練習についても反省された。最後は理樹君と僕の連弾で『翼を下さい』の全員合唱。興風会館の発表会以来の人前での演奏である。いつも通りドミソの和音四拍の前奏後にメロディーが入る。三連音符や付点音符も完全に理樹君の身体に染み込んでいる。この身体に染み込んでいくことは自分のものにしていくことだ。僕はなるべく伴奏を弱く弾いて理樹君の音を浮かび上がらせる。「この大空に　翼を広げ」に入る所はクレッシェンドして音楽に広がりを持たせる。最後は少しテンポを整えて終わる。理樹君も笑っている。「はじめての場所でも音楽は大丈夫だよ」という顔。演奏後、理樹君は多くの人から声をかけられている。障害を持つ子どもの音楽の楽しみ方や可能性も少しは知ってもらえたようだった。

僕は、十一月三日に東京文化会館小ホールで行われる「別宮貞雄　歌曲の夕べ」のことが気になっている。『三好達治による四つのうた』を歌わなければならないが、曲の難しさとともに、この頃の声の調子の悪さに大きな不安が重なる。僕の音楽への姿勢に甘さがあったせいだ。二十代までの音楽への姿勢と大きな隔たりがある。もしかして音楽療法に気持ちを傾けていったのは、僕自身の演奏に限界を予感したり練習からの逃避ではなかったか。本当にこれでいいのだろうか。このままではすべてが中途半端に終わってしまう。常にその気持ちを引きずっていた。青の会は、恩師の畑中良輔先生が主宰する会で、錚々たる声楽家が名を連ねている。その末席に僕も入れていただいているが、先生にご迷惑をおかけしてはいけないという意識が強く働き、翌日から勉強を考え直して十一月を迎えたつもりである。

八月二十日（日）十一時

「この前はありがとう。みんなよく弾けていたってみんなびっくりしていたよ」とお茶を飲みながら話した。理樹君はニコニコして聞いている。お母さんにもお礼を言う。

「先生、声の調子はどうですか」と心配して下さる。

「大丈夫です。練習不足なのがよくわかりました」

「始めましょう」「おねがいします」

「これ知ってる？　ミとドを弾いてね」エルガーの『愛の挨拶』を弾いていく。

二分音符で弾いてもらう。だいぶ二分音符が持続できるようになった。テンポの揺れが少なくなった。僕はハ長調でメロディーを弾いていく。次に理樹君にメロディーを弾いてもらおうと「ミソミ」「レドシドファ」とフレーズごとに階名を言う。次の二小節は「見て」と僕の手の動きを模倣してもらう。「ミソ♯ミレドシドレ」でソに♯がつく。「もう一回」少し弾ける。この曲はその後あまり登場しなくなった。聴くと美しい曲なのだが、メロディーに起伏が乏しいせいか理樹君の気を惹かなかったようだ。

『小さな世界』では二分音符によるオブリガートとメロディーの役割交換が順調になってきた。まだ前半と後半だけ交換していくが、理樹君も自分の弾く所を意識するようになる。テンポや強弱は僕の手を見ながら弾いている。

九月十七日（日）十一時

「さあ始めようか。手を洗ってきて」「ドアをきちんと閉めて」

新しいレッスン室は鉄製の周りが磁石になっているカラオケ用のドアだ。確かに効果はある。

『川はよんでる』を弾いてから「理樹君、夏の次は何だっけ」「……」「秋」「あき」「それじゃ春から順番に言ってみようか」「春、夏、秋、冬」一緒に言う。

「秋の曲を弾くよ」僕は『まっかな秋』を弾いていく。ハ長調で四分の四拍子。

僕が階名でガイドしようと思うが、すでに僕の弾く手を見て弾きかける。「そうだ、学校で歌ったことがあるんだ」「ソッミドレー」のソミの跳躍が弾きにくい。レやファになる。「ソミだよ」今度はソソとオクターブになったりする。鍵盤を見て弾いてもソミの幅がつかみにくい。数回繰り返すと弾けるようになる。「まっかなほっぺたの」からは集中が欠けてしまう。「もう一回弾くよ」「きみとぼく」の前のフレーズの最後のレから「ラーシドミレ」の低いラへ移る所が難しい。

『紅葉』ハ長調で四分の四拍子。この方がメロディーが弾きやすいようだ。「ミーレドレーミー」と音の跳躍がメロディーにないせいだろうか。次の「ドソ」と下がる所はやはりソが不正確になる。それでも二曲とも最後まで弾いていく。

(跳躍は今でも弾いてきたし、後は回数を重ねれば弾けるだろう)

十一月五日(日)十一時

三日の青の会は無事終わる。ほっと一息。長い三カ月だった。前日まで体調を崩して二日間も学校を休んでしまったのは、精神的な弱さだろうが、とにかく終わった。演奏会後、別宮貞雄先生から「演奏に満足しました」と言葉をいただき、肩の荷がおりた。

『川はよんでる』に続いて『まっかな秋』『紅葉』を弾いていく。曲の進め方に、これまでの曲を弾いて気持ちを整えてから新しい曲を弾く場合と、新しい曲から始めてこれまでの曲を弾く二通がある。しかし、僕はどちらかというと新しい曲を後にすることが多かった。

二曲ともだいぶ形になってきた。『まっかな秋』では「沈む夕日に」から伴奏をしだいに大きくして、「まっかなほっぺたの　きみとぼく」でフォルテにする。その後テンポを緩め少し間をあけるようにして、次のメロディーを弾いてもらう。

何か心が動くような伴奏を工夫したい。この日に弾いた『贈る言葉』『愛燦々』『遠くへ行きたい』『四季の歌』でも、メロディーに気持ちが込められるような伴奏をつけたい。和音もそうだが三連音符を効果的に使って気持ちを動かしたいと考えた。

十一月十九日（日）十一時

「秋の曲を弾こうか」

『まっかな秋』を弾き始める。この日は前回よりもスムーズに「ソミ」が弾ける。次は「ドレー」で二分音符でのばす所だ。僕は「まっかだ　なー」と二分音符を強調するように歌う。「そうそう」「まっかだ　なー」理樹君は手首を少し持ち上げて指先を鍵盤に突き刺すように弾いていく。「ドドーレミーソソ」のシンコペーションの音がきつくなる。二分音符をのばす時に小さく「ウイ」と声を出している。はじめは何だろうかと思ったが、どうもリズムをつけているようだ。

『紅葉』は「秋の夕日に」のドソは弾けている。「てるやまもみじ」の「ドーシドレーソーミレドレー」が「ドーシドレーソーミレドー」と二回目のメロディーになってしまう。「よく聴いて」と弾き直す。

十二月十日（日）十一時

季節はもう冬だ。秋の曲から冬の曲へ移る。この日で『まっかな秋』『紅葉』はしばらくお休み。「もうすぐクリスマスだね」「クリスマス」「作業所でもクリスマス会はやるのかな？」「ドとソを弾いて」両手とも親指と小指でドソを弾いてもらう。四音同時だ。

『聖夜』のメロディーに合わせて弾いてもらう。ハ長調八分の六拍子。理樹君は音に身体を乗せるように上体を前後に揺すって弾いている。

もうメロディーがなぞれそうだ。「ソーラソーミー」とフレーズごとに階名で促し弾いてもらう。付点音符は伴奏も同じリズムにして一緒に弾く。「ソーミー」のばす音を強調するようにモデルを示して繰り返していく。最後の「レーレファーレシードーミー」では僕も盛り上がる。

『赤鼻のトナカイ』は、ハ長調で二分の二拍子。四小節ずつ弾いていく。前半はスタカートで弾いていいる。フレーズから次のフレーズへ移る時に音が怪しくなる。僕は先にその音を弾いたり「ソ」「ファ」とガイドするとメロディーを探すように弾くこともできる。耳慣れた曲だからだろうか。「暗い夜道は　ピカピカの」では「ファラソファミー」と鍵盤を押し込むように弾いている。(自分で聴いた曲を再現する、メロディーを探すこともいいな) 肩の力が緩んできた。

十二月二十三日(日) 十一時

『川はよんでる』から始める。この日は気持ちに波があり、何度か頭や頬を叩く。特に『遠くへ行きたい』の後半では数回出る。僕は叩くのに合わせてフォルテでピアノを弾いてから音を止める。理樹君が叩くのを止めた時に音を止める。パニックにはいろいろな止め方はあるだろうが、最終的には自分で調整しなければならない。このフォルテで弾いた音が理樹君のエネルギーの音にならないか。音で自分にはこんなにエネルギーがあるということに気づかないかと考える。叩くのを止めてから次のメロディーを弾いてもらう。

「ドとソを速く弾いて」八分音符で弾いてもらう。僕は軽快に『さんぽ』を弾き始める。「トトロ」のテーマだ。ハ長調で四分の四拍子。理樹君は上体を少し左右に動かし始める。「のってきたな」と感じる。次に『小さな世界』に曲を変える。理樹君は同じように上機嫌で弾いている。「次はメロディーを弾いて」と声をかけ後半は役割を交換する。「ドードミードーレレレ」と力強く弾いている。(『さんぽ』も理樹君は好きそうだな)

今年も暮れて行く。慌ただしい一年だった。理樹君に新しい曲をどうやって伝えるか模索した年だった。また僕自身の音楽についても大いに考えさせられた。

ああ今年も暮れていく。

理樹君、自分で弾き方を工夫する

一九九六年(平成八年)一月七日(日)十一時

「ハヒー」と元気な声がしたと思うと、勢いよく門を開けて家のベルを押すと同時にドアを開けてレッスン室へ直行する。

「あけましておめでとうございます。ウルルルー」と新年の挨拶をしてくれる。表情はとてもよいが少し気持ちが高まっている。お母さんは車の鍵をかけてから明けっ放しの門を閉めて下さる。レッスン室に入り二人揃って新年のご挨拶をいただく。お茶を飲みながら冬休みの様子を聞く。休み中は調子がよかったようだ。

「さあ、レッスンを始めましょうか。手を洗ってきて」

この日は『川はよんでる』からスタート。僕の弾く前奏に続いてメロディーを弾き始める。滑り出しはよい。

『贈る言葉』『小さな世界』『さんぽ』と続ける。特にテンポの速い『さんぽ』ではより気持ちが高まって、ピアノの椅子から立ち上がりジャンプが始まった。僕はメロディーの続きを弾いていく。テンポは理樹君のジャンプに合わせていく。ジャンプして足を床につける所でテンポを設定する。僕に近づいたりお母さんに顔を近づけている。ジャンプも一段落しかけた頃、ピアノのテンポを遅めて曲のはじめに戻していく。そして、前奏を弾きピアノの椅子を指さす。理樹君は椅子に腰掛けてメロディーを弾き始める。一曲通して最後は落ち着いて終わり、そして握手。言葉は入れない。ただ握手だけ。

『見上げてごらん夜の星を』の前奏を弾き始める。ハ長調で四分の四拍子。今日がはじめての曲だ。一曲通して弾く。理樹君は上体を左右に軽く揺すって聴いている。

四小節ずつ僕が弾き、理樹君についてきてもらう。少しは聴いたことがあるのか、メロディーを探しながら弾いているようにも見える。最初の『見上げてごらん　夜の星を　小さな星の』では、六小節目の「小さな星の」でラソファーファレーレ♯ーミーでシャープがつく。僕はレーレ♯を強調して弾いていく。「もう一度弾いてみよう」レ♯では黒鍵の方を指さす。

「そうそう、いいね。次を弾こうか」

今度は「ささやかな」の所でラのオクターブが出てくる。また指さしの出番だ。

これまでいろいろな曲を弾いてきたけれど、楽譜の出番はしばらくなかった。だいたいのメロディーは僕の手や鍵盤を見て聴いて覚えていった。それも両手のユニゾンで弾いていった。

どんな新しい曲でも僕自身は暗譜で弾くことが多い。しかし途中で止めたり同じ所を繰り返すうちに、僕自身が怪しくなることがある。特にこの曲は中間部分は♯が何度も出てきて複雑になる。

「この曲は次までに楽譜を書くからね」と伝えた。これは僕自身のためでもある。この日、十二小節まで弾いたが中間部分ではパニックが出た。これは僕自身の不確かさによるものなのか。でも何か違うように思う。

(わからない時のパニックではないな。こちらの様子を見ているようだ)

僕も真似して、あごや頭を叩く動作をすると、理樹君はパニックの動作を止めている。

「最近、家では知っている曲をドレミで歌うことがあるんです」

とお母さんが話された。僕自身は暗譜が不確かであったことが悔やまれて胸が痛い。

一月二十一日(日)十一時

包帯を手に巻いてレッスン室に入ってくる。調子がよくないのがわかる。始める前に頬を一回叩く。『川はよんでる』『若者達』と続く。『若者達』の時、険しい目付きで頭や頬を長く叩き続ける。僕は歌いながらピアノを弾き、理樹君の手を持って「弾いて」と声をかける。強い力で頭を叩こうとするが、僕は理樹君の手を離さずにピアノを弾き続ける。再び「弾いて」と声をかける。するといくぶん力が緩み始める。理樹君は途中からメロディーを弾き始めた。

(気持ちの整理ができたかな)と思う。

その次の『愛燦々』はスムーズで、多少のパニックは出そうになるが安定している。もう険しい目付きではない。

「理樹君、楽譜ができたよ」と言って理樹君に見せる。結局ハ長調ではなくト長調の楽譜になった。ハ長調では五線譜からはみ出す音が多くなり。ト長調に落ち着いた。何と計画性のないことだろうかと反省。

理樹君は不確かな所はあるがメロディーを少し覚えている。まだ中間部分は弾けないが、そこは僕が弾き前後を理樹君に弾いてもらう。十回以上続けるとほとんど弾ける。♯やオクターブは僕の指で鍵盤をさす動作が必要だ。

途中から気持ちが高まり、立ち上がってジャンプを始めてしまう。その時に『さんぽ』を弾くと大きな声も出始める。テンポがアレグロのせいかさらに気持ちが高まるようだ。息使いも激しくなって汗もうっすら浮かべている。

この日は気持ちの波が激しく感じられた。自分でどのようにして気持ちを整えていったらよいのかという混乱もあるだろう。

『見上げてごらん夜の星を』の最後の一小節では、自分でやったという表情が見られ、帰りはよい顔になっていた。

三月九日（土）十一時

韓国旅行のお土産を持ってきてくれる。旅行中は食事時間に少しパニックになったけれど、『上を向いて歩こう』の音楽が流れている時は一緒に歌い静かだったという。これも音楽の効用である。理樹君はNHKの「みんなの歌」が大好きで妹さんにテープに入れてもらい車の中で聴いてくるという。

「始めましょう」『川はよんでる』を弾き始めるとすぐ僕の方をのぞき込む。

『見上げてごらん夜の星を』はかなりの回数を繰り返して弾く。理樹君は中間部分で、僕の弾く手をよく見ているが、ファ#やド#を前半部分に弾いてしまうなど混乱している。ラソファーファレ#ミのメロディーは自分でレ#の音を探して弾いている。

四月七日（日）十一時

「これを読んでみてくれる？」五線譜にト音記号とハ長調の音階。「ツェー　デー　エー　エフ

ゲー　アー　ハー　ツェー」と音符の下に書いてある。

僕が一音ずつ指さすのに合わせて理樹君は細い声で「ツエー　デー」と言いながらも、「何が始まるのだろう」という顔をしている。

この日はじめてドイツ音名を試みた。階名のドレミファソラシドでこれまで声かけをしてきた。よくできて確かにスムーズに正確な音で弾けている。即興でも「レファラ」と言えばその音を弾ける。しかし、曲目が難しくなってどうしても黒鍵を多く使わなければならない。それまで僕は、オクターブやメロディーの跳躍では指で方向を示してきた。シャープやフラットの位置もその黒鍵を指で示したりした。でもうまくいかないなと思うことが多くなった。「ファのシャープ」と言うのも時間がかかる。

「ドイツ音名でやってみよう」と考えた。まず五線紙にハ長調の音階を書いてもらい、その下に「ツェー・デー・エー・エフ・ゲー・アー・ハー・ツェー」と書いていった。

「読んでみようか」「ツェー」と言うと「ツェー」と発音する。以下僕と同じように発音する。次に音階を弾きながら言ってみる。もしも、ピアノを始めたときから使っていれば、記号と同じなので覚えやすかったのかもしれない。

理樹君にメロディーを誘導する時は、僕自身が移動ドのため時折混乱することがある。例えば、『紅葉』でハ長調なら問題はないが、ヘ長調に移調するとき、「ラーソファソーラーファードー」と言えばよいのだが、ヘ長調の場合でも「ミーレドレーミードーソー」と言ってしまうこともある。

混乱するのは理樹君だが、この頃にははじめの音を弾けば自分でメロディーを探せるようになってきたので多少は混乱も減った。

途中から入れた「ツェー・デー・エー・エフ・ゲー・アー・ハー・ツェー」は、しかしあまり有効性を見いだせず八月二十五日に使うことをやめた。やはり指でのポインティングや、僕が和音を弾いてその中から音を探す方が効果的なようだ。そしてメロディーがよほど変わらない限りは、理樹君の弾くメロディーに僕自身がこだわらないことを決めた。

こだわりを考える機会になったのは、メロディーの弾き方に理樹君自身の工夫が感じられるようになったからである。ディズニーの名曲『小さな世界』では、こんな弾き方をしている。「ミファソミド・レドドシシ」二回目に出てくるミはオクターブ高い音で、僕は指を右方向に向けてオクターブ高いことを知らせる。しかし、メロディーが弾けるようになり、しばらくは高いミになっていたが、僕が伴奏に徹して指で方向を示さないと、自分で同じ音の高さにしている。次の「レドドシシ」は普通にメロディー通りに高いレから下降音型になっている。表情は楽しそうでとてもよい顔をして弾いている。

（別にメロディーとしては変わらないからいいか）と思いながら伴奏を続けた。これらの工夫は指使いや両手の使い方にも現れている。特に右手の指使いは小指だけで弾くことが多い。これは理樹君が左利きということにも関係していると思えるが、場面に応じて指使いを変えている。

ツェーデーのような記号化、あるいはドレミのような階名は、音が正しく弾けても、そこに自分て、目的ではない。

の気持ちが込められなければ音楽の意味はない。それらはメロディーを弾きやすくする手段であっ

一九九七年（平成九年）一月十二日（日）

今日はご両親と三人で見えた。この正月はパニックが多く、作業所でもけっこうパニックが出るようだ。前回は車の中でお母さんに対する暴力が出たので、心配してお父さんも一緒に来たという。最近はお祖母さんやお母さんを叩くこともあるそうだ。

「始めようか」

僕は小さいカード数枚に前回レッスンした曲名を書いて、ピアノの譜面台に裏返しに置いていく。

「理樹君、この中のカードに曲名が書いてあるんだけれど一つ選んでくれる？」

少しキョトンとしている。

「一枚選んでみて」

理樹君は一枚持って僕に渡す。

『つばさをください』と書いてある。

「何て書いてある？」カードを示すと「つばさをください」と小声で読んでいる。

「それじゃ弾いてみよう」

そう言ってから前奏を弾き始める。弾き始めれば不安は少なくなるのか、いつものように弾いて

いる。最後の音を確かめるように、「レドシドー、ドドドー」とレドシの三連音符とドを弾いてから、四分音符で二拍弾き、最後は二分音符にフェルマータ。これで終わりという感じで弾いていく。理樹君もそれに合わせている。軽く握手して〝終わりました〟の確認をする。

「それじゃまた一枚取って」

このように今までのレパートリーをより確実にしていくことや予測が付きにくい場面への適応を柔軟にしていこうと考えた。新しい曲が入っていないので少し安心しているようだ。しかし、曲名が書いてあるカードから「一枚選んで」と言ってもなかなか手が出ない。曲名が書いてある複雑さからだろうか。

途中で前にやった「ツェー　デー　エー」とドイツ音名を言いながらドレミを弾いてもらう。『ドレミの歌』に合わせて弾いてもらうが、チューリップのメロディーになる。

「それじゃこの音から弾いてもらおう」

理樹君はト長調でチューリップを弾いていく。ト長調で弾いても『チューリップ』はファ♯が出てこないのでメロディーは弾きやすい。

二月二日（日）十一時

今週は安定しているため、今日はお母さんだけの付き添い。

『上を向いて歩こう』『サザエさん』など六曲、それに新曲『ふるさと』『春が来た』など四曲をカードに書いてもらう。カードを折って譜面台に置く。

「一枚取って。そう、何て書いてあるか読んで」理樹君は「読んで」と答える。僕はカードの文字を一字ずつ指さす。

「ち　い　さ　な　せ　か　い　」

「弾いてみようか」理樹君は僕の顔を眺めている。文字から曲のイメージが出にくいようだ。

「この曲だよ」メロディーを弾いてみる。理樹君は少しずつ弾き始めるが、三回くらい繰り返すとメロディーがうまく繋がってくる。

「そうだね。次は」。カードを取ると『春の小川』だ。この曲は耳慣れているせいか、新曲でもメロディーが弾きやすいが、途中で『紅葉』のメロディーになってしまう。新しい曲は似たメロディーが出てくると、以前に弾いた曲に変わることが多い。

二月二十二日（土）十時

来週はスキーに行くので何度も「スキー」と言っている。言葉は以前のように口ごもらずはっきりと自分の意思を伝えている。今日は車の中でお母さんを一回叩いたという。

「カードを取って」二〜三曲は調子よく弾いて、お母さんへ近寄っていくが、後半はパニックが多い。僕は理樹君が叩く動作に合わせピアノを弾く。音が止まると頬や頭を叩くことが止まる。そして再び叩くことを繰り返す。僕は理樹君の手を持って叩くことを止めさせながらピアノを弾く。

V_7のソシレファやV_9のソシレファラとIドミソを組み合わせて理樹君の上体の動きや呼吸に合わせて弾いていく。そして「弾いて」と促す。

その時（あっ、射るようなまなざしだな）と感じた。まなざしに変化が見られる。眺めるまなざし・観察するまなざし・挑発的なまなざしが理樹君にあるようだ。これは逆に僕が理樹君に向けるまなざしなのかもしれない。

手の甲を噛むことや頭を叩くことも、理樹君にとっては、次の行動に移れないどうしようもなさがあるのかもしれない。また一回出してしまうと収拾のつかなさもあるのだろうか。

「さあ弾くよ」と言ってから、僕は前奏を弾き始める。（青年期になったんだな）と思う。

この日理樹君は録音した練習用のテープを持って帰るのを忘れてしまったので、お母さんが途中で引きかえして取りに戻ってこられた。二十分くらいして再び玄関のベルがなる。

車の中ではシートの背もたれを倒して理樹君が座っている。

三月二十三日（日）十一時

理樹君は二十日にお母さんや妹さんと一緒に旅行から戻ってきた。今回は二日目になって早々に帰ろうと言い出してしまったがその後は言わなくなり、最後に『線路は続くよどこまでも』を歌ったという。お土産に香炉をいただく。

「理樹君ありがとう。大事に使わせてもらいます」

『線路は続くよどこまでも』では、途中から立ち上がりジャンプしてお母さんの方へ行く。何かの意思を伝えようとしているかのようだ。

「この三曲の中から何を弾こうか」僕はカードを見せる。

『上を向いて歩こう』『愛燦々』『ビューティフルサンデー』から弾きたい曲を選んでもらう。

理樹君は『上を向いて歩こう』のカードを取った。「じゃあ弾こうか」

理樹君の弾くドドレミドラソと次のドーレミドラソのメロディーに対して、僕はベースでソラシドを少し大きめのスタカートで弾いてメロディーへの呼応と軽快さを出す。中間部からはじめのメロディーに戻る時にも曲を引き締める意味でベースでソラシドを弾いていく。理樹君は気持ちを高めながらピアノを弾いている。

「『サザエさん』と『遠くへ行きたい』、どっちを弾く?」「どっちを弾く」

「もう一度聞くよ」今度は『遠くへ行きたい』と曲名で答える。やはり気持ちが高まるが、最後はゆっくりにして落ち着いて終わる。

「先生の言う歌詞を書いてくれる?」

　青い鳥　どこ　青い鳥　ここ
　青い鳥　どこ　青い鳥　ここ
　ぼくの近くに　青い鳥はいる

それに気づかない　ぼくらもいる
幸せは　どこ　幸せは　ここ
ぼくらの心に　幸せはいる

理樹君は僕の言う歌詞を一文字ずつ五線紙に横書きで書いていく。

これは僕が越谷西養護学校の西養まつりで高等部三年が演じた劇『僕たちの青い鳥』のために平成八年に作った劇中歌だ。（巻末の楽譜参照）四分の四拍子でハ長調の曲だ。

「ねえ、そこの歌詞違うんだけど」と言いかけると急に頭を叩き始める。そのまま僕が歌い出すと叩くのをやめて聴いている。

メロディーはあまり難しくないので二小節ずつメロディーを弾いていき、最後まで通して弾けるようになる。その時には不安定さは見られない。

「この曲が弾きたい！」

四月十三日（日）十一時

理樹君が「困った、困った」を連発している。昨日は、県が始めた障害者のサポート事業で一緒に外出してくれる〝レスパイト〟で出かけられなかったせいか、昨夜自傷があったとのことで、お母さんの表情はいくぶん暗い。

僕は「困った、困った」とピアノを弾きながら歌いかける。このようにして相手の言った言葉や口ずさんだメロディーを同じように歌いかけることがある。相手は言った言葉が強調されて返ってくるのでより言葉やメロディーを意識することになる。理樹君はキョトンとした顔をしている。ピアノを弾き始めると表情が明るくなった。

『線路は続くよどこまでも』では、はじめのドーソドッソドッレミードーのメロディーをドーシドッシと弾いている。（ふーん。なるほどね）僕はこだわらず曲を先に進める。途中立ち上がり天井につくかと思うほど大きくジャンプする。最近、このジャンプが多い。気持ちの高まりが抑え切れずに動作に出るのだろう。理樹君の立ち上がった後を僕がメロディーを続けていくが、そのテンポに合わせるようにジャンプしている。そして曲を終える。

僕は『川の流れのように』を弾き始める。理樹君はまだ椅子には座らない。今度は左右に身体を大きく揺らしている。これもピアノに合わせている。「ああー　川の流れのように」のメロディーから理樹君はピアノを弾き始める。後半は僕が混乱してくる。はじめから弾いていくが理樹君は自分から音を探してメロディーを弾きかけている。弾きたいという強い欲求によるものだろう。自分の弾きたい曲は食いつきが違う。欲求を出してくることや理樹君が自分から積極的にピアノに向かう姿勢が見られてとても嬉しく、僕の気持ちもグッと高まる。お母さんは帰る時は明るい表情になっていた。

五月三日（土）十一時

「ハヒー　ハヒー」と声を出しながら立って左手を大きく動かして指揮するようにしている。また片足ずつ重心をかけていくように身体全体を左右に傾けている。声も動きもエネルギーを強く感じる。エネルギーの先は僕やお母さんにも多少は向くが、理樹君自身に向けられているようにも見える。『線路は続くよどこまでも』を演奏している時の理樹君の姿である。前半は繰り返すうちに確実に弾けるようになってきた。

「この曲が本当に好きなんだなあ」と思わせる。

「次は『青い鳥』を弾こうか」

僕が『青い鳥』と歌いほんの少しだけ待つと、「どこ」と小声で歌っている。この時も途中でジャンプを始めるが、今度は自分で椅子に戻ってくる。理樹君に書いてもらった歌詞カードを渡すが歌わない。

五月二十四日（土）十一時

理樹君は足の指の骨折のため、少しの間作業所は休んだとのこと。痛さのせいかイライラも出て、言われた言葉に反応することが多いので紙に書いて渡している。

僕は来週浜離宮ホールで行われる「青の会」の「石桁眞禮生追悼の夕」で石桁先生の童謡を歌うため、午後から伴奏合わせがあり少し気が急いている。

今日のカードは四枚。二枚同時に示して、

「『贈る言葉』と『サザエさん』とどっちを弾く？」

『贈る言葉』自分の弾きたい方をはっきり言う。もうカードにも慣れてきてパニックはない。

次に『川の流れのように』の前奏を弾き始める。これはまだカードにはない。ジャンプが出て足のケガを心配するが、音楽との一体感を身体の動きで表しているように感じる。

「じゃあ、この曲を聴いて」

『夏の思いで』を弾き始める。

理樹君はすでに学校やCMで耳にしているせいか、メロディーを探している。特に最後のフレーズの印象が強いようだ。

「はじめから弾くよ」

ミミファソーファミ　レレレミファーと弾き始める。（いいね）と思っていると、ミミミソシラーと最後のフレーズになってしまう。

「そうか、メロディーが似ているね」最後まで弾いてもう一度弾き直す。今度は次のフレーズのミミミファソファーを階名で誘導する。「そうそう、いいね」

以前のように二小節や四小節単位でメロディーを弾くことから、最後まで通しながらメロディーを弾いてもらうようにしている。理樹君はよくついてくる。記憶する力も集中力も高まっている。メロディーの予測がついて弾けるようになると、「ヒー」とメロディーの間に声が入る。僕は「弾けるようになってるな」と確認できる。

『僕たちの青い鳥』は「どこ」「ここ」と僕の歌う後を小声で歌うので、理樹君の書いた歌詞カードを渡すがその時は歌わない。一回手を上げかけるが僕をしっかり見ている。歌わせられるのが納得いかなかったのだろうか。

僕が「これ弾こうか」と示した時に、本当に理樹君が好んでその曲を弾いているのかをどのように確かめたらよいだろうかと常に考える。僕は理樹君のピアノを弾く時の表情、手や腕の動き、声、何よりも弾き終わった時の様子や消えていく音から読み取るようにしている。そしてその後にくる無音という音を二人が味わえるかだ。また曲が終わった時に握手をするが、このときの握手の仕方で判断できる。本当に納得している演奏では自分からしっかりと握ってくる。まああの時はあまり力を入れず、納得できていない場合は触れるだけ、さらに触れるポーズだけのこともある。また汗のかき方も微妙に違ってくる。本当に音楽に没頭して気持ちが高揚している時の汗は、首筋や額、頬に流れる。イライラしたり不安定なときは腕や手首、掌にもベットリとした汗をかく。握手したときにすぐに判断できる。その時々の気持ちは身体に正直に出る。

六月二十九日（日）十一時

「この中からやってみたい楽器を選んでくれる？」

カゴにはクヤイアホン、音積み木、丸型のツリーチャイムが入っている。理樹君は音積み木、ツリーチャイムの順で取る。

「叩いてみようか」僕はミの音積み木を渡す。ピアノに合わせて叩いてもらう。はじめはピアノのテンポに合わせているが、次第に速くなる。僕はピアノをトレモロで弾き急に止める。理樹君も叩くのを止める。またテンポを戻す。これを繰り返す。その後、僕も音積み木を持って理樹君と交互に叩いていく。声が伴奏だ。『小さな世界』のメロディーや即興で歌っていく。

ピアノ以外の楽器も時折使ってはみるが、基本的に使わない。それは僕の家にピアノ以外の楽器がないという物理的な問題だが、ピアノ以外の楽器を用いたら、また違った展開が生まれただろう。しかし、ピアノでメロディーを再生して弾いていくことは、理樹君にとって大きな意味になったと思っている。

七月二十日（日）十一時

今日は市内の祭りのため、家の前にいつも停める車を移動してもらった。その間にお茶を入れていると、理樹君は頭や背中、頬に手を触れている。僕の頬に手を伸ばすこともある。

「ピアノのレッスンが一週間あくと、ピアノ、ピアノと何度も言ってくるんです」

お茶を飲みながらお母さんが話された。

「そうですか、すいません」どうしても二週間に一回というサイクルでできないこともあるので、申し訳なく思っている。

理樹君はお母さんに背中を向けている。最近、食事を一緒に取らないという。

「さあ、始めるよ」「お願いします」とピアノの前で挨拶をしても椅子に座らない。僕は『川はよんでる』の前奏を弾きながら理樹君が座るのを待つ。そのうち左手を大きく振り左右に身体を揺すっている。僕は動きに合わせてピアノを弾く。付点音符や協和音と不協和音を交互に弾いていく。少しすると椅子に座り、スムーズにレッスンが進んでいく。

『浜辺の歌』は、シ♭やソ♯の時に声をかけたり指で黒鍵を示すと、メロディーは模索しながらも形になっていく。

「うまいね」思わず声が出る。

「ちょっと聴いてくれる?」

僕は松任谷由美の『春よ来い』を弾いていく。これはNHKの朝の連続ドラマのテーマ曲にもなった。どうも僕は根性ドラマが好きなようで、「女は度胸」も夏休みは見ていた。岩手県教育センターで講演を行った折にも昼食後に見させていただいた。変わった人だと思われたに違いない。

「聴いたことあるよね」僕は前半を弾いて、最後のソーミーレーの「春よ」の所から理樹君に入ってもらう。

「だいたい弾けるね、はじめに戻ろう」

メロディーだけ弾いていく。この曲はリズムが複雑でタイや細かい音符が多いが、理樹君は鍵盤と僕の手の動きをよく見ている。

ラーミーレーミレドシ　ラーソーラソミーと少しずつ弾いていく。ミレドシやソラソミーは指を早く動かしている。メロディーが確実になってくると伴奏を弱める。メロディーを弾けていることを理樹にも確認してもらう。まだ曲のほんの一部分しか弾けていないが、理樹君の気持ちの中には「これは弾ける」という自信や「弾きたい」という欲求があるのだろう。満足した顔でこの日は帰る。

八月三日（日）十一時

七月の下旬から十日間オーストリアやドイツに出かけたのでお土産を理樹君に買って帰った。今回の旅は音楽講習会の参加がないので毎日をのんびり過ごす。インスブルックやハイデルベルクにローテンブルクなど美しい町並みや景色が印象的だった。

「さあ、始めようか」

『川はよんでる』の前奏を弾いても椅子に座らず行きつ戻りつしている。僕がそのままメロディーを弾いていると、後半から椅子に座りピアノを弾き始める。

『春よ来い』では、「春よ」のソッミレエードレミレッドラーのタイのリズムと二分音符が正確に弾けるようになった。「そうそう、いいね」

『エーデルワイス』は、ハ長調で三拍子、メロディーも弾きやすく、一緒に終えることができて満足気な顔。今日は一回もパニックは出ない。

お気に入りのレパートリーが増える

八月二十四日(日)十一時

昨年八月二日、京都清水寺の森清範貫主様からご縁をいただき清水寺のうらぼん法話で『音楽と人間』の話をさせていただいた。朝六時からだが、大勢の方が朝早くから清水坂を登ってくる姿に強く打たれた。ピアノを使っての話は初めてだったという。ちょうど同じ時期に比叡山麓の律院を訪れ、叡南俊照大阿闍梨様にお目にかかることができた。その後、比叡巡拝にも加わらせていただいた。僕は最近、音楽と宗教の関係をよく考えるが、これは比叡山の清浄な空気に触れたせいもあるだろう。

この夏は巡拝の前日から律院に泊めていただき、翌朝は飯室不動堂の酒井雄哉大阿闍梨様や無動寺谷玉照院の上原行照大阿闍梨様にもお目にかかることができた。一日に三人の大阿闍梨様にお目にかかれて感激の時間だった。以前にテレビ東京で酒井大阿闍梨様の「みちのく巡礼」という番組を見てから、一度は阿闍梨様にお目にかかれないかと思っていた。これもありがたい仏縁である。

「始めようか」
『夏の思いで』は確実にメロディーを弾いていく。ラララシドーシラ　シソッ　ソラファのメロディーの所を右手は小指で左手は親指だけで弾いている。「理樹君、こうやって弾こうか」とモデルを示す。指使いについては、どんな指使いでも別にかまわないかなと思う気持ちも強い。（まあ一回見てもらおう。後は理樹君が選択すればいいや）
理樹君はまだお母さんに背中を向けていたが、興に乗ってくるとお母さんに近づいたり顔を見ている。お母さんは叡南・酒井両大阿闍梨様のそれぞれの写真集を見ている。
『春よ来い』は前回弾けたと思ったタイや二分音符が不確実だ。「もう一回やろう」。そんなに急には弾けないなと思う。今日は立ち上がってジャンプすることはない。
『知床旅情』は四分の三拍子のヘ長調で、今日がはじめてだ。シb が出てくるが僕の手の動きをよく見ている。なぞるように弾いていくが、『春よ来い』にはまだまだ適わない。
九月七日（日）十一時
『春よ来い』は理樹君のお気に入りの曲となり、少しずつ曲の形がついてくる。前奏の途中にも入りかける。まだ弾けない所もあるが、最後の「春よ」では待ち構えるように自信を持って弾いている。「そうだね」この部分をエンドレスのように何度も繰り返して弾く。ほかの曲でも同じ部分を繰り返して弾くことは多くしている。その中で理樹君の満足感やエネルギーの表出も行われるのではないかと考えた。もちろん音楽的にテンポや強弱に変化を持たせる。それでも十分に楽しみながら対応している。僕も一緒に音楽ができているなと思える。

九月十三日（日）

「理樹君、このノートにレッスンした曲を書いてくれる？」

僕は大学ノートと鉛筆を渡した。

「今日は何月何日？」と聞くと頭を軽く押さえながら、「何日……」と言う。

「九月十三日だよ。じゃあ書いて。」と促す。理樹君は鉛筆を動かしている。大学ノートの罫線にはこだわらない。いくぶん大きな文字で聞いたことを文字に置き換えている。ノートを見て、「ああ、こう聞こえるのかな」と思うことがある。例えば九月十三日——「9かつ103にち、少年時代—いようぜんしだい、夏の思いで—なつのおもいれ、川はよんでる—かわばよんでる」

似たような音節や濁音などは間違えやすいが、それは書き方というよりも聞こえ方なのだろう。また僕の発音のせいかもしれない。

あらかじめ曲目をメモしてからレッスンを始めるが、最近は曲目も多くなり途中で、「そうだ、この曲をやってみよう」と思うことが増えてきた。終わった直後は僕も気持ちが高まったり混乱していて全部を思い出せないことがある。理樹君が帰ってから記録をつけながら思い出すこともよくある。

「あっ、この曲をノートに書いてもらうのを忘れた。まったく嫌になるな」

嫌になるのは僕自身である。いかにピアノレッスンの最中は、気持ちが揺れているのかがわかる。冷静でいなければいけない時間だが、もう一方で気持ちの揺れがなければ音楽は成り立たない。このバランスが難しい。

『春よ来い』『知床旅情』『浜辺の歌』『夏の思いで』『まっかな秋』『紅葉』『上を向いて歩こう』『僕たちの青い鳥』など書いもらう。一曲ずつ僕が言う通りに書いている。ただ『知床旅情』と言ってもいっぺんには聞き取れないので、「しれとこ」と言って、理樹君が書いたのを確かめたうえで、「りょじょう」と加える。書いているときにも、「りょ・じょ・お」と声をかける。理樹君も声を出しながら一文字ずつひらがなで書いていく。

「今日の感想は」と聞くと、「感想は」の返事。「がんばりました」と僕が促して、「がんばりました」と書いて終了する。

感想が「がんばりました」でいいかどうかはわからない。がんばり過ぎて疲れてしまうのも問題だが、いつも一生懸命ピアノを弾いてくれるのでついそう言ってしまう。

十月十九日（日）十時

お母さんのご実家のご母堂が先日亡くなられたとお聞きする。「仏様のご縁か平安でいられます」と帰り際に話された。

『まっかな秋』『紅葉』はこの季節の定番だ。二曲とも〜長調で弾いていくが少しも自分で間違えれば弾き直す。大切なレパートリーである。今まで弾いてきた曲を弾く場合、一回目は手探りの所もあるが二回目から自信を持って弾いている。理樹君も安心するのかリラックスして弾くことができる。カードは三枚用意し、一曲ずつ弾いていく。

「ラとミを弾いてくれる?」二分音符で弾いてもらい僕も一緒に弾く。「そうそう」

理樹君の弾くテンポに合わせながら、モーツァルトの『トルコ行進曲』を弾いていく。理樹君は聴いたことのある曲なので安心している。ミファソソ　ラソファミレーの所からメロディーを両手で弾き始める。

「すごいですね」お母さんは驚きの声をあげた。

十一月二日（日）十時
今日は野澤先生も久しぶりにお見えになる。理樹君はニコニコしている。
『トルコ行進曲』ではラとミの二音を弾いてもらうが、途中僕を強いまなざしで見ている。「これだけではつまらない」と言いたいのか、あるいは見通しの持てない曲に対する反発か。
『さんぽ』は、前奏を聴いてからメロディーが入る。前奏を「聴く」ということもずいぶん定着した。音楽には演奏と鑑賞があるが、演奏と同じくらい人の演奏を聴くことは重要だと思う。今日もカードは三枚。『上を向いて歩こう』『贈る言葉』『遠くへ行きたい』

「野澤先生も『小さな世界』を一緒に弾きませんか」少し躊躇なさるが椅子を一脚ピアノの前に置き三人で弾き始める。理樹君はまん中でメロディー、野澤先生はドとソでオブリガート、僕はベースでリズムを刻む。まん中で理樹君はメロディーを堂々と弾いていく。

弾き終わってから、「理樹君の元気をもらいたいわ」と野澤先生はおっしゃった。

レッスン後、ケーキを理樹君に分けてもらう。順番に分けてから美味しそうにケーキを口に運んでいる。

野澤先生は「ずいぶん弾ける曲が増えたのね」と理樹君に話しかけている。

十一月十六日(日)十時

自閉症と呼ばれる人は、指先で確認するように物に触れることが多い。それが指先でなく爪の方だったりする。理樹君も時折、僕の頬や頭に触れることがある。「あっ、今日も元気かな」と確かめているのかもしれない。「一体何者だろう」と思っているかもしれない。今日はピアノの前に二人で座ると、頬に触れてからつねり始める。二〜三回はそのままにするが、僕も理樹君の頬をつねり返す。いったんやめるが再び手が出るので手を持ってやめさせる。すると今度は口が近づいてきた。僕は顔をひいた。

「やるよ」秋の定番を弾いてからちょっと早いがクリスマスの定番へ曲目を移行する。

再び、ステージへ

十二月七日（日）十一時

理樹君は今朝は自分でよそゆきの服に着替え、自分で食事も温めて、机の上に楽譜やノートを用意したと聞く。来週は川島町での映画上映会があり、その際に理樹君と連弾をするので、その曲を中心に行う。『さんぽ』『大きな栗の木の下で』『ひとりの手』『聖夜』の四曲だ。

『ひとりの手』はハ長調で弾きにくくはないが、途中で早口言葉のようにリズムが細かくなるので、そこを丹念に何度も練習する。どうしても手首に力が入るため細かい音符が弾きにくいが、それでもしっかりテンポに合わせて弾こうとしている。僕は小声で歌いながら伴奏をつける。なるべくメロディーが浮き出るように注意する。メロディーが怪しくなるといくぶん伴奏を大きくして声をかけたりメロディーを弾くこともある。理樹君はそれをよく察知する。

『聖夜』はハ長調で八分の六拍子。ゆっくりとテンポを取る。タアーンタターターの付点音符もきれいに弾いている。レーレファーレシードーミーと最後のフレーズも気持ちを込めている。ト長調に移調して弾いていくと、ファ#が弾きにくいがメロディーは最後まで通せる。本番のつもりでピアノの前で礼をする。

ていねいに書かれた地図を片手に川島町まで車を走らせた。この日、川島町手をつなぐ親の会主催で、「エンジェルがとんだ日」の上映会が行われた。会場は川島町広域福祉会館。当日は野菜などの販売も隣の農協で行われていて賑やかだ。辺り一面たんぼの田園地帯である。二十年も前にピアノを教えに来ていた時の記憶が一瞬よみがえる。だがそう鮮明ではなくぼかし絵のようにだ。会場を見せていただいた後に、控室で理樹君のお母さんお手づくしの昼食をいただいた。

午後一時。開場のブザーが鳴る。僕のピアノがＢＧＭとなって客席が埋まっていく。弾いた曲は、『春よ来い』『四季の歌』『愛しのエリー』。その後は開場の雰囲気を見ながら即興演奏。一時半開演。映画上映に先立ち、主催者挨拶、松岡シズ子さん。理樹君のお母さんだ。「お母さん頑張って、そしてご苦労さま」と呟く。理樹君の通う「のびっこ作業所」通所生によるハンドベル演奏がある。模造紙に書かれた色音符の楽譜を見ながら演奏している。「ずいぶん練習したんだろうな」

当日は原作・脚本・監督をつとめた山田火砂子さんがお話をなさった。障害児をもつ親としての体験をもとに淡々と話された。そして映画が始まった。

映画は障害を持つ子どもの清らかさが全編描かれている。僕は見ながら考える。音楽も美しく清らかなイメージが強い。しかし、きれいごとでないもっと生々しいことも行われる。それは言葉を使ったらケンカになるようなことも、音が言葉の代わりをしながら行える。たとえ言葉の意味がわからなくても音で行えるのではないだろうか。音楽を通してぶつかり合い、そして融和する。

上映後は「みんなで歌おう」のコーナーで、理樹君とのピアノ連弾による伴奏で『さんぽ』『大きな栗の木の下で』『ひとりの手』『聖夜』の四曲である。

理樹君は地元のせいなのか、余裕たっぷりにピアノを弾き始めた。客席を見ながら声も出している。『さんぽ』の曲に合わせて会場の子どもたちはステージに上がってくる。会場からは手拍子が起きる。心配なのは『ひとりの手』で、「それでも　みんなの手と手をあわせれば」から細かい音符が続く所である。早口言葉みたいにならないようにテンポの設定をする。歌詞はどの曲も僕がマイクで誘導していく。歌詞を言うタイミングを図りながら、理樹君のピアノにも目と耳を傾ける。会場はとてもよい雰囲気になっていく。理樹君の養護学校時代の先生も聴きにいらしている。学校では見せなかった表情をしているのだろう。「音楽を楽しんでいるのがわかりました」と感想をご両親に言われたと聞く。

四曲の演奏が終わり花束をいただいた。そこで少し音楽療法の話をして、「それではアンコールに『翼を下さい』をみんなで歌いましょう」まだ皆が拍手をする前に言ってしまい、まるでアンコールを催促したようになって笑いとともに大きな拍手をいただく。

「もういちどアンコールに『赤鼻のトナカイ』を歌いましょう」この曲も理樹君のお気に入りでもある。ステージにたくさんの子どもたちが乗ったまま上映会は無事に終了した。

帰り、自宅まで車を運転しながら、「毎回遠い距離を来てくれるんだなあ」と実感した。

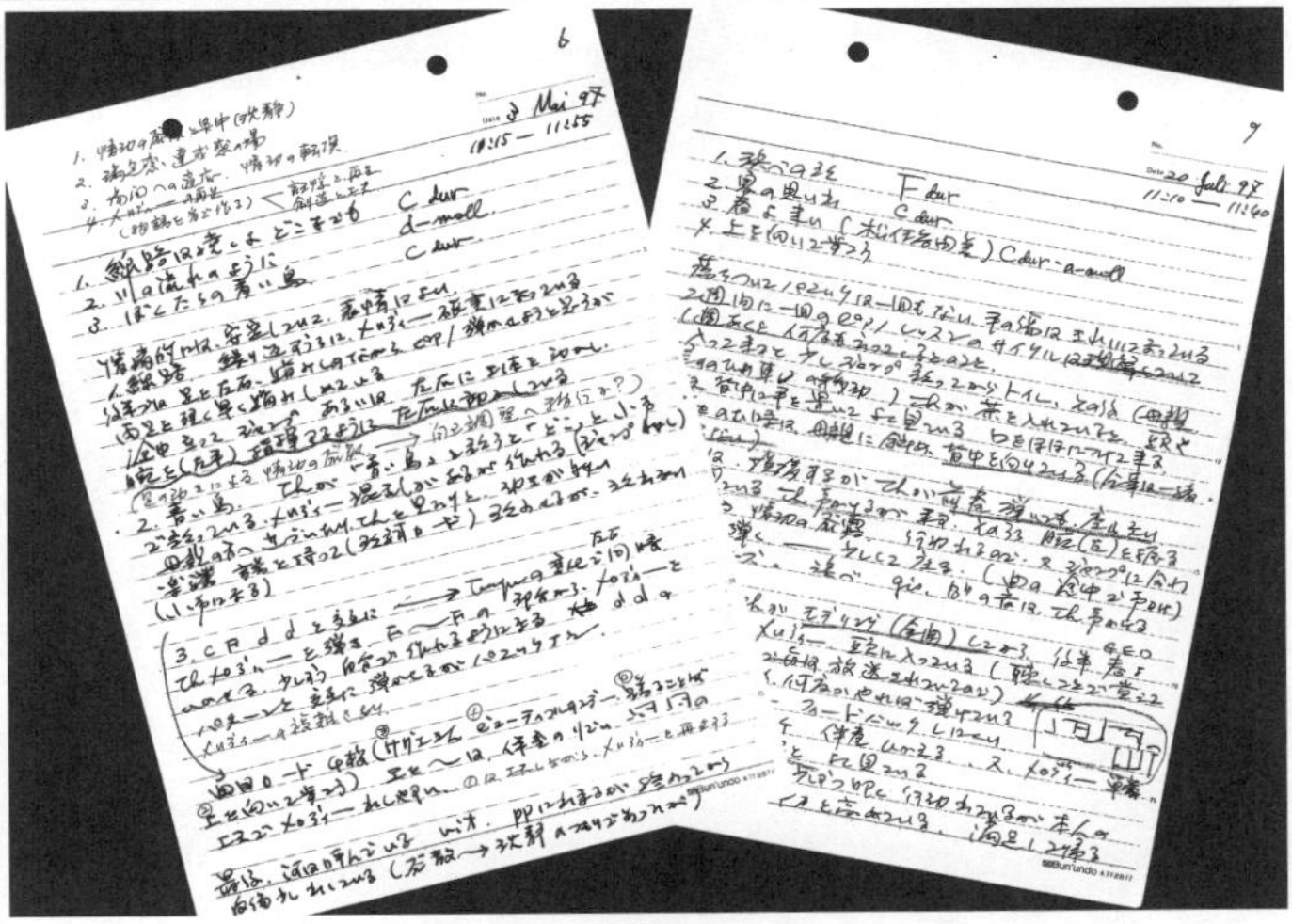

（上）毎回欠かさずつけたレッスンの記録

（下）オリジナル曲の楽譜。理樹君自身の指使いの書き込みがある

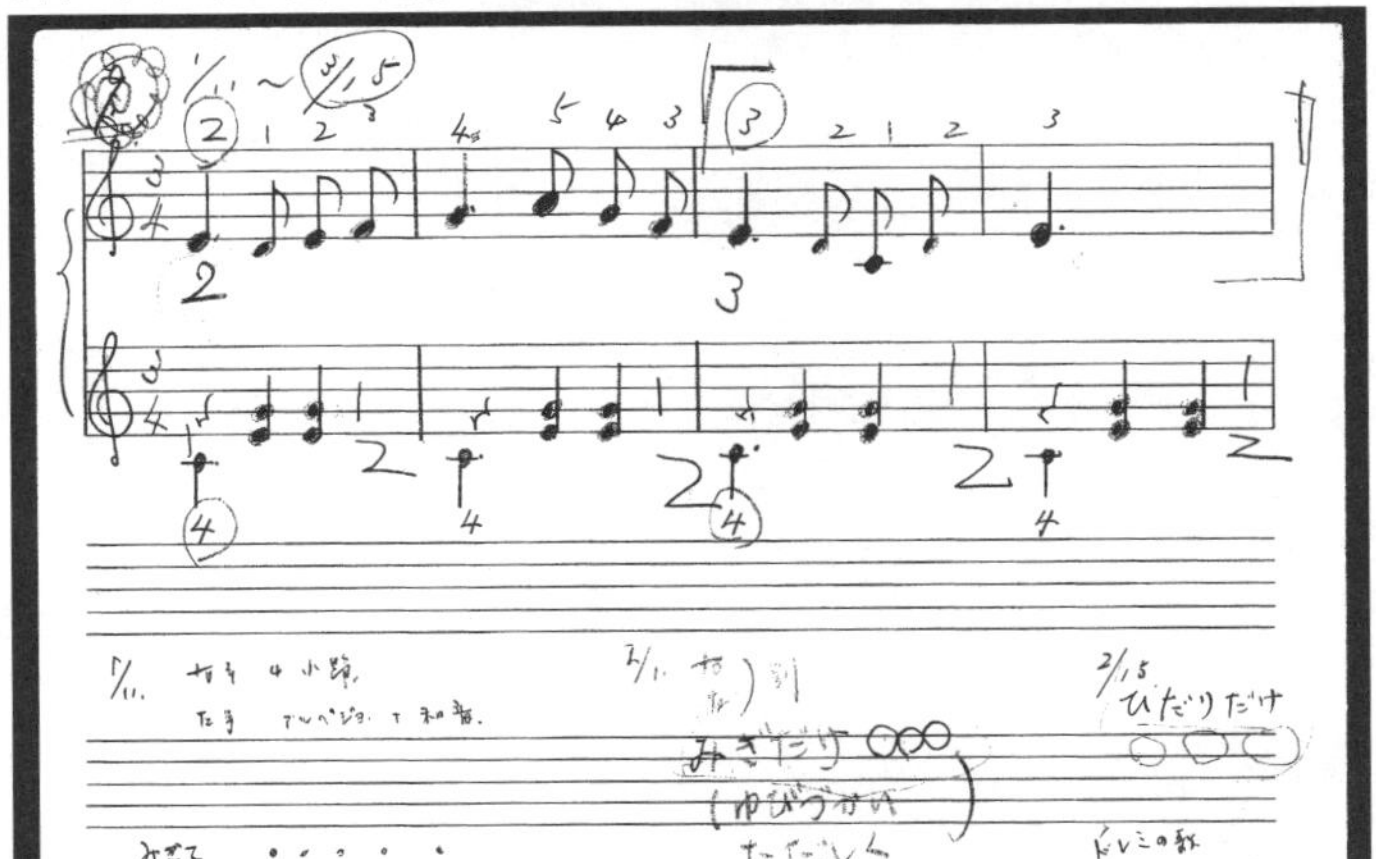

十二月二十一日（日）十一時

七日の上映会は大成功だった。理樹君のピアノもとても好評だと聞いて一安心。『赤鼻のトナカイ』から始めるが、この頃は『春よ来い』で始めることが多いので一瞬戸惑いの表情をする。弾いていると一回頬を叩く。多分「自分の弾きたい曲じゃない」という主張だろう。「『聖夜』はゆっくり弾こうね」と言葉をかけると、ピアニッシモにしてゆっくりと弾き始める。終わってから、「やりました」という顔で僕を眺めている。僕も「やったね」の気持ちで理樹君を見る。その時言葉は使わないけれど、同じ時間と音楽を共有したという実感が僕を包んだ。

『トルコ行進曲』ではラとミの二分音符によるオブリガートのつもりで弾いてもらっていたが、自分からシラソ♯ラドのメロディーを弾き始めた。シ……ド……ミ……と、いくつかのメロディーの音を弾いている。（エッ、すごいな……）まだほんのわずかだが実際に弾けている。

（そうか、考え直さなくちゃ）と思いながら後半のドレミードレミーを繰り返す。

『喜びの歌』のリズム変奏を今年の締めくくりにする。（よし、決まった）

この一年間、気持ちの波は大きかったけれど、ドイツ音名やカードでの選曲、新しい曲への挑戦、集中、そして満足など、たくさん教えてもらったな。音楽や時間を共有することも経験できた。自分で行動を決定していくことや音楽を通して表現をひろげることなど、新しい課題が見えてきた。それにしても音楽は不思議なものだ。「気を付けて帰ってね、さようなら」僕は二人を見送った。

V　今がいい時間になるように（28歳〜30歳）

応用問題——移調とリズム変奏

一九九八年（平成十年）三月九日（土）

一日中、暗く重い気持ちの中にいた。

この日僕は、越谷市中央公民館でバリトンリサイタルを行う予定だった。越谷市で障害児教育に携わり二十年が過ぎ、一つの区切りをつけたかった。

計画的に練習を重ねたつもりだったが、なかなか練習時間を見つけるのが難しかった。日に日に本番は迫って来る。二月中旬にステージでのリハーサルを終えたが、どうも納得がいかない。この状態でリサイタルを行っていいのだろうか。音楽に不誠実ではないか。

本番一週間前、伴奏の雄倉恵子さんや後援団体に連絡をして、リサイタル延期のハガキを出した。チケットを買って下さった方のことを考えると、どこかへ消えてしまいたい気持ちだった。すべての責任は僕にある。

四月十二日（日）十一時

今日は三カ月ぶりのレッスン。

理樹君は手の傷もきれいで表情もよく落ち着いている。

（レッスンがない方がいいのかな）一瞬考える。

「久しぶりだね。元気だった？」

「元気だった」と理樹君。

タイ旅行のお土産をいただく。今回の旅行では二〜三日たったところで帰ろうと主張したという。

「自分の気持ちを言葉で言えたんですね」

「昨日が作業所の開所式だったんです」

お母さん方の努力で作業所ができ、その実績でとても立派な作業所に建てかえられた。

僕がお母さんと話していると、何度か頭を叩く。ピアノの譜面台を立てて用意している。

「早く始めろ」の催促のようだ。

「じゃあ、やろうか」

『春よ来い』は、もう慣れたものだが肩が上がっている。何か理樹君の中で葛藤を起こしているように見える。『贈る言葉』は順調だが『ひとりの手』では強く頭を叩き始める。僕は手を握って止める。強い力で叩こうとするが僕も手はゆるめない。「弾きますか」と聞く。二〜三度繰り返す。僕は左手でメロディーを弾いたり小声で歌い様子を見ながら待つ。理樹君の手の力がスーッと緩んできたら手を離す。理樹君は再びメロディーを弾き始める。ピアノを弾かずに手を握り、向き合って理樹君が気持ちを調整するのを待つこともあるが、ピアノの音楽によって気持ちを納得させることもあるのだろう。音楽が心の状態をなぞっていく。お互いのエネルギーがぶつかり合うことは時には必要である。

『トルコ行進曲』は、ミファソソラソファミレのメロディーはもう弾けている。はじめの音型が旋回するところはラミの音で弾いてもらうが、一拍目の八分音符に合わせている。

滝廉太郎の『花』は、春の季節に合わせた選曲でハ長調で弾く。最後のソオーソドー♯ーレミファソラーーーでは、段々と気持ちが盛り上がり、ソオーソレーミードーーで気持ちよく終わることができる。一回でもどこかで耳にした曲は、理樹君にインプットされているのでスムーズだ。

『荒城の月』は対照的にイ短調で暗い雰囲気の曲だ。こちらは馴染みが薄いのか、少し集中力が落ちてくる。

（新しい曲を入れ過ぎたかな）と思う。それでも四十分以上は集中している。

四月二十六日（日）十一時

『喜びの歌』と僕は声をかけて前奏を弾き始める。十年前、昭和六十二年六月にはじめて『喜びの歌』（ベートーヴェンの第九交響曲より）をレッスンで取りあげた。『こどものピアノ名曲集・上』に出ていて、メロディーも弾きやすい。楽譜には左手に伴奏がついていたが、両手揃えてユニゾンでメロディーを弾いていった。理樹君はこの音楽をすでに耳にしていたのか、つっかえながらもメロディーを弾くことができた。

（小学校の教科書に出ていたな）

（リコーダーも簡単な曲なら吹けると聞いているが……）

楽譜にはハ長調で書かれている。楽譜はほとんど見ないでも弾いているが、楽譜には「ミミファソ　ソファミレ」と二小節だけひらがなで階名を書いてもらった。

その時はこの曲を試みてみようという軽い思いだった。

（そうか、耳慣れた曲は弾けるんだ）

その後、移調やリズム変奏を取り入れてみようと考えたのは、以前とは全く異なった考えによる。メロディーを変えずにリズムを変えていく。新しい場面が不得意な子どもには、いくらかでも安心できる要素を残しながら、少しずつ新しいものへ対応させたいと考えた。

オリジナル第一曲ではリズム変奏と移調が課題になっている。メロディーとは言えないまでも同じ音型を他の音に置き換えることはできている。まず『喜びの歌』で行ったことはト長調に移調することだ。ト長調に移調してもファ#はメロディーに出てこない。

「この音から始めてみようか」と声をかけた。それまでハ長調でスムーズに弾けていたので、それほど違和感なくメロディーを弾き出した。

次は弾き方を変えてみようと思い、ピアニッシモで伴奏をつける。理樹君はまだ大きいままだ。「シー」と口に手を当てるポーズをしてみる。（だいぶ小さくなったな）フォルテの方がピアノよりも弾きやすい。

「次はこの音から弾いてみよう」と僕はラの音を示した。ヘ長調に移調してみる。シ♭の分だけ難しい。理樹君はララシドと弾いていく。僕はララシ♭ドとシのフラットでは指を前方に向ける。「黒鍵だよ」という意味だ。繰り返すうちに二回目のラで指を右前方に向けると、理樹君はそれを見て察知する。「弾けた」。次のドと同時に指を向ける。「できた」メロディーが整っていく。次は、ソーソーラーファ　ソーラシ♭ラーファ　ソーラシ♭ラーソーファーソードの所だ。四分音符と八分音符が組み合わさって、しかもフラットも付いている。「弾けるかな」と思っていると、弾むように黒鍵を弾いている。僕は最後のソオーファファーの付点四分音符と八分音符のリズムを強調して曲を締めくくった。

　しばらくしてハ長調で弾いてみると、はじめの四小節を飛ばして五小節目から弾いている。次のメロディーと似ているせいだ。僕はそのままメロディーに合わせて伴奏を弾いていく。二回目も同じだ。「忘れたのかな」と考える。三回目にメロディーを弾き始めた時、「ミーレレー」と声をかける。言われた通りに弾けている。僕は大きくうなずく。理樹君も顔が緩み声が出てくる。出だしのメロディーを「ミミファソ　ソファミレ」のところを「ミミファソ　ソファミファレ」と「ファレ」の八分音符で弾いている。

「こういうふうに覚えたのかな」と思った。レッスンを始めて数年後、理樹君はベートーヴェンの第九交響曲を静かにホールで聴けるようになった。

　ご家族の熱心さと理樹君の音楽好きのため、コンサートにも出かけている。自分の好きな曲が出てくると一緒に歌ったり声を出すこともあるそうだ。皆と一緒に楽しめることは何とも素敵なことだ。ましてや新しい場所で楽しめるとは！

ベートーヴェンの第九には僕にも思い出がある。国立音楽大学在学中に、三年間ＮＨＫ交響楽団の演奏会に合唱団の一員として参加した。合唱の授業の一環である。合唱練習室の前に大きな金木犀の樹があった。今でもその甘くかぐわしい香りはいつも第九を思い出させる。また何よりもスイトナー、マタチッチ、ライトナーという当代きっての名指揮者に接したことも財産だ。特にマエストロのマタチッチ先生には感激のあまり楽屋まで押しかけてサインをお願いした。第三楽章が天上の音楽に聴こえた。第九のオーケストラスコアにはサインが残っている。どうも僕はミーハーのせいか、有名人にサインを戴くのがとても好きだ。特に作家や作曲家。自分の才能が乏しいせいか、クリエイティブな活動をしている人に強い憧れがあるのだろう。

「このリズムで弾いてみよう」

付点にして四分音符のリズムを崩していく。リズムが混乱した時は、僕の伴奏も同じリズムで弾いていく。伴奏のリズムを付点にして理樹君に合わせて弾いていく。確実になったらテンポを示す四分音符の伴奏に変えていく。この後、リズム変奏は三連音符や八分音符を加えて複雑にしていった。メロディーが確実ならリズム変奏も難しくはない。三連音符はスタカート気味に、八分音符はレガートにとタッチも工夫した。多少オーバーアクションで伴奏を付けていく。このリズムを変えて弾くことは、こだわりを軽減することを想定している。こだわりの要因を考えていくと、記憶の消去が苦手なことが多い。僕たちは記憶を完全に消去しなくても、一時的に記憶を消していくから新しいことが入ってくる。新しい事柄が入っては消えていくことがスムーズに行えるので混乱もせずにいられるのだ。ところが自閉症と呼ばれる子どもは、この一時的に記憶を消去していくことが非常に不得意だ。だから一つのことにこだわってしまうのだろう。このリズム変奏では、リズムを変えていくことで、前のリズムを一時的に消去していくことが要求される。だがメロディーは変わらないので安心感もある。音楽の大きな力である。そして最後にはもとのリズムで弾く。これで原曲がより鮮明になる。そしてできるだけ曲の最後のテンポを遅くして、終わるんだと予測がつくように工夫する。

『トルコ行進曲』は、はじめ後半のみ弾いてもらえばよいと考えていた。細かい音符やシャープの所は僕が弾き、その後を理樹君が繋いでいくという構造を設定した。またこれは僕の思い違いだったが、細かい音符は多分弾けないのではないかと思ったのも事実である。弾けない所と弾ける所があるのを知ってもらいたいという心づもりもあった。しかし、実際は理樹君は少しずつでも音を繋ぎ合わせているではないか。認識を新たにさせられた。

五月三十一日（日）十一時

お父さんの運転で来る。車中ＢＧＭをかけなくてもパニックはなかったという。一週間前から「ピアノ、ピアノ」と言っていた。

「理樹君、ドとソを順番に弾いてくれる?」僕は『さんぽ』の前奏を弾き始める。理樹君は四分音符でドとソを交互に弾く。途中で二音同時になってしまうが、そのまま続ける。

「交換」と言うとメロディーは理樹君に変わる。ラ♭ッラ♭ラ♭ー　ソッソソソーの所だ。理樹君が最後までメロディーを弾き、その後に僕が間奏を弾く。「ドとソ」の声で再び役割を交換する。最後のソッソラ　シ　ドーでは僕もメロディーのリズムにして伴奏をつけて一緒に終わらせる。ドとソは二音同時に弾いたり順番に弾くことも「はい」の合図で行えた。

「スムーズに変えることができてきたな。こだわりも減ってきたかな」と思う。

『トルコ行進曲』はシラソ♯ラド　レドシドミ　ファミレ♯ミの所では、フレーズの最後の音だけリズムに合わせて弾くように誘導する。少しずつテンポをゆっくりして……ド　……ミのように弾いていく。

「そうだね」理樹君は他の音も弾こうと努力する様子が見られた。

「やっぱり後半だけじゃ嫌だよね」

「この頃は家でテレビをつけていても、自分の見る番組を選ぶようになってきました」とお父さんは話された。理樹君はお父さんの前だとお母さんの時とは違った表情を見せることがある。お母さんの時にはピアノを弾きながらもよく見ている。確認か甘えか報告なのか。

よく自閉症と呼ばれる子どもに耳ふさぎが見られるが、自分に必要な音の情報を選択するのが苦手なのだろう。耳に入る音がすべて同じ比重で聞こえているのだろうか。またあまり余分な音を入れたくないとも考えられる。自分の中にある音で十分なのか。独り言もそうだろうか。理樹君は耳ふさぎはほとんど見られなくなった。情報の選択が非常にうまくなったのが感じられる。

理樹君の涙——「弾けなくて悔しい」

六月二十九日（日）

この日理樹君は家を出る一時間前からすべての用意をして待っていた。このことはその後も定着している。平成十一年からは隔週土曜日にレスパイトで、同年代の人に付き添われてボーリングやプール、カラオケなどに行くという。この時も朝からきちんと用意して、洋服もよそゆきのものを着て待っている。楽しみはピアノと同じなのか。

「作業所に行く時は声をかけないと用意しないのに」とお母さんは言う。レッスンを始めてからしばらくはパニックが多くなったが、近頃はとても安定して、パニックの原因がはっきりわかるようになったという。

「この頃、食事は全部食べないで残すこともあるんです。最近はパニック以外は何も困ることはないんです」ともうかがいホッとする。

『あなた』『もしもピアノが弾けたなら』は前後することはあるが、比較的二曲続けて演奏することが多い。ハ長調のⅠの和音ドミソを四拍弾くと理樹君は確実にメロディーを弾いてくる。曲名を指名しないで前奏を弾くと、出てきたメロディーは『翼を下さい』だった。

「そういえば『翼を下さい』も同じような前奏だな」と思いながら、『あなた』のメロディーになるように階名で声をかけた。そのまま『翼を下さい』にしても良かったなと後から思ったが。『もしもピアノが弾けたなら』の方が、後半の「だけど僕にはピアノがない」からイ短調になり、気持ちも盛り上がり、最後にはハ長調に戻り落ち着きを取り戻せる。一番最後の感嘆詞「ああー」（ラソラーミソー）の部分では感情も強く入れられる。僕はラドミとミソシのハーモニーでクレッシェンドと少しのアッチェレランドをつけて気持ちを揺さぶるように弾いていく。落ち着かせるときはデクレッシェンドとディミヌエンドにする。今は二曲とも理樹君の得意なレパートリーだ。

八月三十日（日）十一時

『およげ！　たいやきくん』は理樹君の大好きな曲である。ニ短調で四分の四拍子。メロディーはすでに耳に入っている。弾きたい気持ちも十分。シ♭ド♯やシのナチュラルも入るためメロディーは難しく音の跳躍も多い。それでも僕がメロディーを弾く手をしっかり見ている。だいたい四小節あるいは多くて八小節を一つの単位としてモデリングする。ずいぶん長い時間見られるようになっている。

新しい曲を導入する場合、いくつかの方法で行っている。多くの場合は、前半を僕が弾いて、後半の一番盛り上がる部分から弾いてもらう。だいたい曲は最後の部分から記憶するのが通例だが、理樹君も例外ではない。それと前半を聴くことで待つことを身につけることや、一番弾きたい部分に向けて気持ちを整えることも考えている。しかし、『およげ！　たいやきくん』は最初から自分でもメロディーをなぞり始めた。やはり耳慣れているせいか、けっこうスムーズだなと思っていたら、「はじめて泳いだ海の底」から後半に入りメロディーが混乱してきた。シ♭が多く出てくる。「海は広いぜ心がはずむ」の部分は、ド♯やシのナチュラルが出てくる難関だ。理樹君は突然頭を叩き始め手の甲も強く噛み始めた。そして顔を歪めて泣き始めた。決して大きい声を立てる泣き方ではない。息を凝らすようにして目に涙をためる。そのために僕も胸が詰まる想いがする。口に持って行こうとする手を押さえて、

「悔しいの？」と声をかけてみる。

返事はなく、まだ涙ぐんでいる。

「この曲は難しいから……」

この日は『およげ！　たいやきくん』は少しだけで止めて『翼を下さい』に変える。レッスンが終わっても少しの間涙をこぼしていた。お茶を飲みながらお母さんが、「こういう泣き方は珍しいですね」と言う。お茶を飲み終えるといつもならすぐ帰ろうと席を立つが、この日はソファーに座

っている。
大好きな曲が弾けない悔しさからだろうか。弾けないという自分がもどかしかったのだろうか。僕は「現実検討」という言葉を思い浮かべた。弾きたくても弾けない自分。自分の現実に気づいたのだろうか。青年期でも大きく気持ちが揺れる。
『トルコ行進曲』では、まさに現実検討を予測した選曲だった。十六分音符の速い音型をはじめから聴くようにして、その後のドレミードレミーから弾いてもらっていた。でも繰り返していくと十六分音符もいくつかの音を弾くようになっていった。そうすると僕の現実検討が始まる。

九月五日（土）
三月に延期したリサイタルは、多くの方に聴いていただき無事に終えることができた。感謝。

九月二十日（日）十一時
「『およげ！　たいやきくん』を弾こうか」と声をかける。
四小節の前奏の後にメロディーが加わる。前回よりは順調だ。でもシ♭やド♯ファ♯は不確実になる。どうしてもシャープやフラットがつかない。僕は声をかけずにソ・シ♭・レのコードを弾いて待っている。理樹君はその音を見てシにフラットをつけて弾いた。一〜二回は正確に弾けた。理樹君が弾くメロディーが確実な時は、伴奏はテンポを正確に刻んだり、あるいは音量を理樹君に合わせるようにしている。すこし混乱してくると、和音を弾いて待っていたりモデリングを行うようにする。
前回パニックになった部分だが、今日はよく僕の弾く手を見ている。本当に自分が弾きたくて覚えようとする時には、しっかりと見ている。でもド#ファ#はやはり難しい。それでもそのまま先に進む。（正確に弾くこともあるのだが……）

弾き方を見ると、肘から腕を鍵盤に落とすような動きだ。この弾き方は今年の七月頃から定着してきている。この『およげ！　たいやきくん』でも休符の部分やメロディーの切れ目など、鍵盤から手を離して宙で止めていることが多い。「ハヒー」という声を出すのもその時だ。リズムやテンポを肘でコントロールしているのだろう。背中を丸めて弾くことが多いが、背中を軽く指で押すとスーッと伸ばせる。「背中」と小声で言ってもやはりスーッと伸びる。足はしっかりと床を踏みしめている。ピアノを弾いていても僕の声かけや身体への意識は働いている。僕はピアノを弾く時や音楽療法場面で「身体性」という観点をとても大事にしてきた。その時の心の状態は身体に現れると常日頃考えている。

『およげ！　たいやきくん』は、十月になっても#や♭が不確実な部分を残すが、おおかたのメロディーは弾けるようになった。

十月三日（土）三時

「すごい汗だね」二〜三曲弾くうちに頬や首、手や腕に汗が噴き出る。

「理樹君のエネルギーは強いんだな」とつくづく思う。今日は二つのグループに曲を分けていた。一つは、『あなた』『紅葉』『春よ来い』など、一つは『手のひらを太陽に』『山口さんちのつとむくん』『犬のおまわりさん』など。季節の曲や大人っぽい曲と理樹君の好む童謡などだ。生活年齢と理樹君の好みを総合的に考慮して選曲するが、頭を悩ます所である。

「今度はこの音から弾いてくれる?」ドを指さす。僕は『クラリネットをこわしちゃった』の前奏を弾き始める。「そうそう弾けるね」へ長調で弾いていたのをハ長調にして弾いてもらう。『線路は続くよどこまでも』はト長調とハ長調に、『犬のおまわりさん』はニ長調とハ長調で弾く。一回身体で覚えた曲は揺るがない。メロディーを探していく所もあるが自分で繋げていける。特に♯や♭がつく所は、理樹君も気になるようだ。そのまま弾いてしまう所と弾き直す所がある。『犬のおまわりさん』ではド♯ファ♯は僕がモデルを示したり指の指示が必要になる。でも『クラリネットをこわしちゃった』のシ♭はモデルはいらない。

『およげ!　たいやきくん』では集中力とエネルギーの強さが出る。この強いエネルギーがピアノを通して表出してそれが理樹君らしさの表現になればよい。

「ゆっくり」「小さく」の言葉かけが、すぐ音として返ってくる。この何カ月の間に「音楽を楽しむ」ことが実感できるようになった。

僕は伴奏を弱めて理樹君のメロディーを際立たせたり、逆に伴奏を強めて音楽を支えたりして彩りを添える。二人の共同作業で少しでもよい音楽になるようにと考えている。

この日は五十分間、集中（緊張）と弛緩の連続だった。

この日のノートには、シ♭はよいが、ド♯やファ♯はまだ僕の強いモデリングや指の指示が必要。と書いてある。この何カ月かで「音楽を楽しむ」ことが出てきている。この曲も集中度とエネルギーの強さが増す。このエネルギーが自分への攻撃に向かうと自傷の強さとなるが、今はピアノが楽しみとともにその代償にもなっているのだろう。先に書いた肘からの弾き方は鍵盤にかなりの重みが加わる。そのせいかピアノの弦が切れることも出てきた。一回切れると調律してもすぐ緩んでしまい、再び弦が切れるという悪循環になる。これはピアノでレッスンを行っている宿命だろう。

パニックの変容

十一月八日（日）十一時

いつも通りレッスン室に理樹君が入ってきた。お母さんは車を止めてから少し遅れて入ってくる。表情が沈んでいる。理樹君は静かだ。お茶を飲みながら話を聞くと、一週間前から大声を出して不安定になり、声をかけると両親を叩いたりしたという。三日前から安定剤を服用しているという。二日目からは効果が出て今は様子を見ている。自傷行為もひどかったのだろうと想像する。これまで薬を飲んだことがないので、お母さんはショックを受けている。

「そうですか」としか言えなかった。

薬に頼らないで何とかならないものだろうか。

「レッスンを始めるよ。手を洗ってきて」と促す。レッスン前は手を洗うことが約束である。手を洗ってからトイレに入ることもしばらく見られたが、今はすぐピアノに向かえる。

「ありがとうございました」と理樹君。

「よろしく……」と僕が言いかけると、「よろしくおねがいします」となる。

今日は『あなた』から導入する。その後、『まっかな秋』『紅葉』『およげ！ たいやきくん』『山口さんちのつとむくん』『赤とんぼ』『この道』『もしもピアノが弾けたなら』『トルコ行進曲』『てんとう虫のサンバ』『川はよんでる』というプログラムだ。

理樹君の様子を見ながら進めていく。レッスン中に二回頬に手が行くが、触れるか触れないかの状態。今日の曲はそれほど難しくないせいかピアノは正しく美しく弾ける。とてもよく弾いているが、音楽との一体感が弱いように思う。音楽は流れているけれど、気持ちが沈んだままの五十分だった。

十一月二十二日（日）十一時
元気にレッスン室に入ってくる。そのままトイレへ直行。

お茶を飲んでいると急にパニックになりお母さんに止められている。この日は気持ちの揺れが大きかったが、決して悪いのではない。気持ちが動いているという感じだ。

定番だった『川はよんでる』で始めることをすこし休んで、前回同様に『あなた』から入る。新しい曲は『忘れな草をあなたに』イ短調で四分の四拍子。理樹君にとってあまり馴染みのない曲だろう。これはご両親のためにと思った曲だが、いささか古すぎたようだ。それでも僕の手を見て弾こうとしている。三回くらいのモデリングで覚えていくのは、今までのレッスンからわかっている。今日は新しい曲でもレッスン中はパニックは出ない。「まあ一応弾いておこうか」といった表情をしている。

この日の曲目は、『あなた』『もしもピアノが弾けたなら』『山口さんちのつとむくん』『手のひらを太陽に』『小さい秋みつけた』『クラリネットをこわしちゃった』『犬のおまわりさん』『紅葉』『ビューティフルサンデー』『知床旅情』『若者達』『忘れな草をあなたに』『春よ来い』『トルコ行進曲』『翼を下さい』実に多彩である。

(今日の方が前回よりも生き生きしているな。気持ちが動いている)

理樹君のノートや楽譜集を譜面台に広げて、「これ弾きますか?」と書いてある曲名を指さしながら聞いてみる。答えはエコラリアになりやすいが、自分の弾きたい曲目では、『犬のおまわりさん』とはっきり答える。

(やっぱり自分の好きな曲は自己主張するんだな)

『ビューティフルサンデー』もお気に入りの一曲。軽快なテンポとリズムにのって弾ける。後半の「ビュー・ビュー・ビュー・ビューティフルサンデー」では「ビュー」の二分音符で十分に気持ちを音に込めている。その時は必ず僕の方を見る。「弾いているよ」という顔。僕は同じように二分音符をテヌートして伴奏をつける。「そうだね」音楽にも抑揚を付けていく。『春よ来い』でも、やはり最後の「春よ」では二分音符にテヌートをつけていく。そのかわり前半は軽快にする。十六分音符は遅れないように指使いも五本の指をうまく活用する。小指だけでは間に合わない。これも工夫している。

『小さい秋みつけた』は、イ短調で弾いていく。前に弾いた時はホ短調だったせいか、一回だけ頬を叩こうとする。僕はすぐ右手で理樹君の手を押さえて頬まで手を持っていかせない。強い力が必要だ。「叩かない」と一言声をかける。そして左手で『小さい秋みつけた』のメロディーを弾いていく。その時に上体を左右に軽く揺する。理樹君はピアノに合わせて上体を揺すり始める。次第に僕が押さえている手の力が緩んでくる。でもまだ手は離さない。何回かメロディーを繰り返し、「これなら大丈夫だな」と思ったら手を離して、『小さい秋みつけた』のメロディーを弾いていく。最後のフレーズは理樹君に弾いてもらう。そしてもう一度はじめから弾いていく。

「気持ちの整理ができたようだ」

この日は終わるまでパニックは出なかった。

少し気持ちが急いている時は、三拍子の曲に特徴が見える。付点二分音符と四分音符のリズムが両方とも四分音符になり、二拍子に近くなる。そんな時は伴奏で一拍目を強調してテンポに気づいてもらうよりは、二〜三拍をスタカートで弾いた方が三拍子に戻りやすい。しかし、理樹君の二拍子に合わせて、ウインナーワルツのように弾くことも多い。『知床旅情』のまさにそうだった。

レッスン後、お茶を飲みながら服薬のことを聞く。

「前回は薬を飲んで三日目で、それ以降は落ち着いているので今は飲んでいないんですよ。薬をのむと頻尿になったりボンヤリしちゃうんです」これは僕が肢体不自由養護学校に勤めていた時の経験でも思い当たる。

「今日は前回に比べてとっても生き生きしていますね。何か自分の気持ちを出せているというか。音楽と一体になっているように感じます。そう、気持ちが揺れているというか。よいタイミングで声を出してますよね。この方が理樹君らしいような気がするなあ」

「そうなんですね。薬は飲まないでショートステイのような形で環境を変えてみようと思います。不眠が続くときには少し薬も利用しようと思っています」

「その方がいいかもしれないですね。不眠が続いてご家族が疲れてしまう状態の時に、薬は飲んだ方が良いと聞いたことがありますし、イライラやモヤモヤした気持ちをどのように発散して調整させるかを考えていった方がいいかもしれないですね」

お母さんは今日の方が表情が明るい。

十二月二十二日（日）十一時
すっきりした顔でレッスン室に入ってきた。

「十二月十四日（月）から十六日（水）まで短期入所したんです」お母さんは理樹君を見ながら話された。

「そうですか。何かすっきりした顔をしてますね」環境が変わりモヤモヤが多少減ったのもしれない。

「始めようか」

ピアノを弾く手を見ると脂っぽさがなくなったように感じる。全十三曲スムーズに進む。肘を曲げ手を宙で止めて次の音楽を待っている。

（肘がコントロールの大きな要素になっているな）

（弾き方が少しずつ変わってきている）

この一年間はパニックの変容について考えさせられた。平成十年も暮れていった。

一九九九年（平成十一年）二月七日（土）十一時
一月九日の夜、明日のレッスンを休むとの電話を頂いた。翌日、一緒に住まわれていた理樹君の御祖母様が亡くなられたそうだ。亡くなる十分前まで話していたとお聞きする。前に撮った理樹君とのレッスンのビデオを送る予定が遅れてしまい見ていただけなかったことが悔やまれる。それでも数年前に撮ったレッスンのビデオを見て、「この子には障害がない」と言われたことを思い出す。理樹君と妹さんで骨も拾ったとうかがう。享年九十一歳。合掌。

二月二十一日（日）十一時

「ビデオを家で一人で三分二くらい正座して見てました。私やお父さんに見られるのが嫌みたいです。パニックの所は見たくないようでした」お母さんが話された。

昨年十月にレッスンの様子をビデオで撮らせていただいた。これは僕自身の勉強のためだ。見ていくとレッスン最中には気づかないことがあまりにも多い。僕自身のテンポや言葉かけなど反省材料は多い。またパニックの対応も考えさせられる。理樹君はそれを見たわけだが、さすがに自分のパニックを見るのは嫌なのだろう。そこに出てくる自分をどんな思いで見ているのだろうか。

「始めましょう」

『野ばら』はシューベルトとウェルナーの二曲。ウェルナーは階名をフレーズごとに指示する。二曲とも穏やかに弾けている。

『蛍の光』は、卒業シーズンが近づき、耳にすることもあるだろう。作業所ではあまり使われないかもしれないが試みた。機会があれば理樹君が演奏できる。途中で頭や手の甲を叩いたり噛むことが見られたが、すぐおさまり最後まで弾き通した。弾きながら理樹君の顔をジーッと見ていると、一瞬僕と目が合う。強いまなざしだ。「そんなに見るな」「こんな曲弾かせて」と言いたいのか。視線は僕が思っているよりも、うんと強い圧力になっているかもしれない。気を付けよう。

三月十三日（土）十一時

「一週間けやきの里に入所したんです。ピアノと昨日は言っていました」

理樹君は僕がお茶を入れる間、出されたおせんべいを食べずに待っている。いつもはすぐ手が出るがこれも入所のせいかと思う。「どうぞ」とお茶を出す。「いただきます」お母さんに促されて理樹君も言う。

『川はよんでる』は久しぶりだ。理樹君は一瞬ためらいながらメロディーを弾き始める。今日はどの曲もあまり息が合わない。はじめに戻るタイミングが微妙にずれている。お互いに相手を探るようにして合わせる。

「今、これ流行っているよね」『だんご三兄弟』を弾き始める。ハ短調で四分の四拍子。僕は最後まで弾いてモデルを示そうと思ったが、僕に合わせるように理樹君もメロディーを弾き始める。よくテレビで聴くためだろう。多少は遅れ気味になるが「さすが。すごいな」と感じる。

ミラシに♭がつく。普通のミとラでは違うと思うらしく、僕の手を見ている。「ミラシ」と言ってもｂはつかないので、はじめて「黒」と言うとｂをつけて弾くことが増える。「ふーん」と感心する。途中でｂを直したり止めることはあるが、五～六回は全曲通して弾いていく。テンポが遅くなる所では、「こんど生まれてくるときも」の二分音符を十分にのばして気持ちを整える。理樹君も待っている。最後の「だんご三兄弟」の繰り返しは畳み込むようにして、一番最後の「シ（ナチュラル）ド」はアクセントをつけて終わらせる。「終えた」という実感がある。理樹君は弾いている最中に僕の頬を二回つねった。

『春よ来い』ではフレーズが終わるたびに、「アー」と声を出している。

自分との折り合いをつける

四月二十五日（日）十一時

僕の引っ越しのため少し日があく。この四月から寄居養護学校へ異動したための引っ越しである。持ち出したのは身の回りの荷物だけで、ほとんどはここに残したままだ。

寄居養護学校は病弱養護学校ではじめての経験だ。山の眺めに心惹かれたのと、喘息児の音楽療法を実践したいという思いによる。はじめてのことばかりで戸惑いが多い。引っ越しのためにレッスン室もソファーがなくなり、絨毯に座布団を置いて座っていただくことになった。

「レッスンのことは三日前に言いました。今日は十分前に車に乗って待っていました」とうかがう。

『だんご三兄弟』は他のレッスン曲の間に何回か弾いていく。ミラシに♭がつく時は僕が先に黒鍵に指を乗せるので、まだ不確実だがそれを見て弾くことがある。

『春よ来い』『川はよんでる』では僕の頬をつねる。（曲への抵抗かな。きつい視線を向けたのが前兆だったかな）今度は頭を叩いてくる。少し時間をとって次の曲を考える。『若者達』の前奏を弾き始めると、自分の頭を叩き始める。僕は理樹君の手を持って止める。

「曲が嫌なの？　違う曲にする？　やめたいならやめるけど」

理樹君は手の甲を嚙み始める。手を離すと嚙んでしまうので握ったまま離さない。両手、両肩、腕まですごい力を入れている。僕が両手を持っているので左足を震わせている。その間三分くらい。僕は理樹君の手を握ったまま待つ。呼吸を合わせるようにして待つ。少しずつ力が緩んでくるのを待つ。少し力が緩んできた。

「ラミを弾いて」と言って二分音符で弾いてもらう。僕はミレドレミーの旋回する音型を弾いていく。葛藤や気持ちが揺れているのを音にしたつもりだ。理樹君はチラチラ僕を見ながら弾いている。少ししてから

「この次はこれを弾く？」

僕は『贈る言葉』のメロディーの一部とスマップの『夜空のムコウ』の「あれからぼくたちは何かを信じてこれたかなぁ」の部分を弾いていく。理樹君は急に泣き顔になり、音楽に合わせて上体を左右に揺すり始める。少し気持ちがおさまったようだ。

『川はよんでる』は二拍子のように弾いて終わりになる。

終わってから笑い顔にはなるが、まだ納得がいかないようだった。

「選曲だろうか、何だろう?」

五月九日（日）十一時

今日はお父さんと一緒にレッスンに見えた。昨日レッスンの約束をしてあったらしいが、僕の勘違いで留守をした。申し訳ない。手の甲に噛み傷がある。

『もしもピアノが弾けたなら』でスタート。

この頃僕の頬に触れることがある。爪の方で軽く触れる。何か確かめているのだろうか。『だんご三兄弟』では頬をつねられた。けっこう痛いので今日は僕もつねり返す。双方の目付きはきつい。

（どうも不安定だな）

『黒の舟唄』は去年の十月から練習に取りかかった。イ短調で四分の四拍子。付点音符が頻繁に出てくる。短調の曲を時折り入れるのは、どうしてもハ長調が多くなりがちで、音楽的な彩りを加えようと思うからだ。それと家庭でもお父さんが理樹君の伴奏で歌えたらいいなあと思ったからだ。この曲は「Ｒｏｗ　ａｎｄ　Ｒｏｗ」の九・十・十一小節で徐々に盛り上げて一二小節目の「ふりかえるなＲｏｗ」で一番の山場になる。特にラーソーラミーのラミーに向かいエネルギーを出していく。最後はラーラーとオクターブになるが、その時、僕は指を左に向けるオクターブのサインを出す。それを見て理樹君はオクターブにして弾く。二小節ごとに出てくる二分音符ではのばしている間に「ウイ」と声も出てくる。「Ｒｏｗ　ａｎｄ　Ｒｏｗ」やタイでのばす音では必ず声が出る。弾ける見通しや予測がついて来た時、リズムを身体で感じている時に声は出る。また声で弾みをつけているようにも感じる。僕も合わせて「ウイ」と言ってみたいがまだ試みていない。

さて今日の『黒の舟歌』は途中から、左手で頭を叩き始めた。僕は左手を押さえながら「ピアノ弾く?」と聞く。理樹君は僕の右手を自分の右手でじっと握って離さない。握った手を離したら自傷行為が再び始まるのを、自分自身でも止めようとしているのか、それとも自傷を止められるのが嫌なのだろうか。握っている手はじっとり汗ばんでくる。僕は左手でメロディーを弾き小さい声で歌う。この時僕は上体を左右に軽く揺すり、理樹君もその動きに合わせてくる。約五分。腕や手の力が抜けたところで、再びメロディーを弾いてもらう。

「自分との折り合いの付け方ができてきたかなあ」と思う。曲の後半の部分でお父さんが小声で口ずさんでいた。

『襟裳岬』では、さらに長い時間手を押さえなくてはならなかった。手の甲を噛もうとしている。『黒の舟歌』と同じように係わるが、僕の方を見ながらまた噛もうとする。今度は手を離し、僕は一人でピアノを弾きながら、「自分で調整して」と声をかける。どうも手を噛むことが僕の様子をうかがいながら行っているように感じたからである。「襟裳の春は」の部分から弾いてもらった。そして一曲通して弾いた。

『春よ来い』『若者達』は自信たっぷりに弾きながら声を出し始めた。

最近、家での調子はよくないと聞く。調子が悪いと人と顔を合わさないようにして、一時頃に一人で風呂に入ってしまったり、食事も一人でする。

「人との係わりを避けるのかな、それとも一人になりたいと思うようになったのかな」と一瞬思った。その後、お母さんから一人で部屋で食べている時の方が、ゆっくりと味わっているように感じると聞いて、それだけ周りの人や環境に対して理樹君なりの気の使い方をしているのだと考えた。

五月三十日（日）十一時

理樹君は明るい顔で入ってくる。少ししてお母さんが玄関のドアを閉めてからレッスン室に入ってくる。理樹君は勢いよく玄関のドアを開けるが閉めない。

「今朝は一緒に朝食をとりました」

「足の指の関節が腫れてしまい治療中なんです」と聞く。

「前のイライラも痛みからだったんでしょうかね」

「始めましょう。手を洗ってきて」ピアノの前に椅子を二つ並べる。僕のは小さいスチール製の丸い椅子だ。

「おねがいします」

ドミソの和音を四拍弾く。理樹君は『翼を下さい』のメロディーを弾く。『翼を下さい』『あなた』『もしもピアノが弾けたなら』など、どの曲を弾くのかを決めずに理樹君に任せるようにしててみる。その日によって同じ前奏でも曲が異なる場合がある。

「そうか。今日は『翼を下さい』か」

『北国の春』は理樹君の好きな曲である。

ウン　ミミミミイー　レミミレドとはじめのメロディーをすぐ弾いている。ハ長調で♯や♭も出てこない。のびのび弾いている。最後の「あのふるさとへ帰ろかな　帰ろうかな」では、レエーレーレードラドーとたっぷりした音で弾いている。よく見ると八分休符では必ず肘を曲げて宙で手を止めている。またミミミミイーとミをのばす時も鍵盤から離して宙で待っている。鍵盤から手を離しても音がのびているのは、僕がペダルを踏んで調整しているからだ。理樹君はペダルを踏まない。待っている時に「ウイ」と声を出している。もう肘でリズムも気持ちもコントロールしているのだろう。僕は前から肘を支えるようにしたり、肘に触れることは行ってきたが、理樹君自身も自分の気持ちや演奏する際の拠り所を見つけたのだろう。

僕は『黒の舟歌』では、最後のラアーラアーの二分音符でオクターブ下がる所を、トレモロのように細かいリズムでオクターブをクレッシェンドしながら弾く。理樹君も同じようにトレモロにして弾いている。気持ちを音に託してクレッシェンドする。握手して終わる。

『夏の思いで』の休符も同じような肘や手の使い方をする。

「調子のよい時は次の行動を予測するんですが、悪い時は混乱したり一人になりたがるんです。

朝、八時半に作業所に出かける時は教育テレビを見ているんですが、声をかけるタイミングや言い方でパニックになることもあるんです。遅刻かなという言い方はいいんですが、指示では怒りますね」

「そうですか。言葉をかけることも本当に難しいですね。理樹君のプライドを傷つけちゃいけないし、子ども扱いはできないし。一言で適切な言葉がいいと思いますが、じゃあどの言葉がいいかはやっぱり言ってみないとわからないですよね」

理樹君はレッスンが終わると一人で車に乗って待っている。

好みの変化 ――リズミカルからメロディックな曲へ

七月三日（日）十一時

ご両親と三人でいらした。お母さんの車が農道で事故に遭い動かなくなったので、お父さんの車でみえた。今朝は一人で起きて支度も整えて車の所に行ったが、「壊れた」と言って戻ったという。

ご両親が気になるようでチラチラ見ている。

『夏の思いで』は、伴奏に合わせてフェルマータやリタルダンドがつけられる。「夢見て咲いている」ではリズムをターンタタタ　タタタタタと八分音符に付点をつけて弾く。最後のミミミソシラ

ーーーー　ラシレドとラがオクターブ下がる所は指で→や←の指示が必要だ。

『黒の舟歌』でもオクターブは指の出番で方向を示すとよく弾ける。「男と女の間にはー」のメロディーで「はー」の二分音符に気持ちを入れていく。いくぶん身体を前傾にして気持ちも身体も二分音符に乗せていく。そしてラーソッソラミーでまた気持ちを音に傾ける。大好きな曲が後半になったせいか、『北国の春』では不安定になり、途中まで弾いていたが頭を叩き始める。止めると手を噛もうとする。僕は手を握り左手でメロディーを弾いていく。その間左右に身体を軽く揺らしていく。

「今はピアノを弾くんだから」と言葉をかける。曲を二〜三回繰り返して「弾いて」と言う。理樹君はきちんと弾いてこの曲を終える。その後はパニックは出ない。

『上を向いて歩こう』では再び気持ちを持ち直し、休符で声を出しながら肘を曲げ宙で手を止めながらリズミカルに弾いている。この音楽は完全に理樹君の身体に入っている。

七月二十六日（日）十一時
まだお母さんの新しい車が来ないので、今日もお父さんが運転してくる。

「始めましょう」

今日は三拍子で『知床旅情』から始める。

とてもスムーズに弾いているが、十三〜十五小節目のミファミレーソ　ソーレドオーとソがオクターブ下がらずに、ミファミレーソ　ミレミドーとはじめのメロディーに戻ってしまう。戻ってもう一回。次も同じになる。いよいよ指の←の合図が登場し終わりになる。理樹君はもう声が出ていて調子はよい。

『オー　ソレ　ミオ』はハ長調で四分の二拍子。今日がはじめてだ。次の『フニクリフニクラ』と合わせてイタリア民謡のカップリングを考えた。階名で誘導していく。『オー　ソレ　ミオ』のドードーシーシソーと盛り上がる所は伴奏のテンポを遅くしても十分についてくる。最後のソレーードードーーとフェルマータも十分だ。『フニクリフニクラ』は八分の六拍子で理樹君の得意なレパートリーでもある。ヘ長調で混乱したこともありハ長調で弾いていく。シーラ　シーラ　ドッシラドッシーでは気持ちが盛り上がる。「フニクリフニクラ　フニクリフニクラ」でクレッシェンドをかけていく。理樹君は上体を揺すり音楽と一体化していく。とてもよく弾けたので僕は大きく拍手をする。理樹君も拍手をしてしっかり握手する。

「ああ、自分でも満足したんだな」と思う。

『およげ！　たいやきくん』では不安定になるが、僕は手を持って止めさせメロディーを弾く。四分経った。再び理樹君はメロディーを弾き出した。終わってから手の甲にできた傷を見ている。次の『北国の春』はスムーズに進む。最後の『贈る言葉』は前奏をいつものテンポで弾き始めるが、理樹君のテンポはまるで行進曲のようだ。はじめてこのような弾き方をする。僕はマーチのようにウンパウンパと伴奏をつける。

「納得していなかったのかな」と思った。

九月十二日（日）十一時

「これ知ってる？」と言ってからメロディーを弾く。『別れても好きな人』は二短調で四分の四拍子。お母さんは苦笑している。多分テレビで聴いているのだろう。お父さんが歌っているかもしれない。シ♭が出てくるが指の合図で弾くことはできる。二〜三回目で僕がレファラ　ソシ♭レファの和音を弾くと最初のフレーズを少し弾き、階名のガイドも手伝い全曲を通す。その後この曲はほとんど登場しない。「いいね。つぎはこれを弾こう」

僕はソドの二音を弾く。そしてドミソのアルペジョの後に理樹君は『贈る言葉』のメロディーを弾き始めた。僕の方はてっきり『愛燦々』のつもりだった。ソドと音が上がるのは『贈る言葉』、ドソと音が下がるのは『愛燦々』。僕の勘違いだ。一回『贈る言葉』を弾いてから、小声で『愛燦々』と言う。途中の「あーあー過去たちは」から、伴奏をラドミの和音を三連音符で弾いて気持ちを高める。

終わっても今日はすぐ車へ行かず座って待っている。

十月三日（日）十一時

今日は春秋社編集部の近藤さんがレッスンを見学される。

「ハヒー」いつものように声を出しながらレッスン室のドアを開ける。近藤さんがいるのでちょっと顔を見るが、その後もいつも通りソファーに座っている。夏前に座布団を引き払いソファーになった。自己紹介はお母さんの言葉かけで名前と挨拶をする。

「よろしくおねがいします」

と一気に言う。

理樹君に紅茶をカップに注いでもらう。ケーキを食べながら少しお母さんと話す。

「さあ始めましょう」

ト長調三拍子。『川はよんでる』からだ。はじめての人がいるせいか、いくぶん緊張気味だ。三拍子が二拍子に近くなるが、肘と手の動きはすっかり定着している。

『上を向いて歩こう』『小さな世界』はいたって軽快に弾いている。曲が終わる時に僕の終わらせ方が不満なのか、「アレッ」という顔をしている。弾きかけた手を引っ込めている。握手も形式的な感じだ。

『夜空のムコウ』は、中間の「あれから〜」から弾いてもらう。そこまでは僕がメロディーを弾いていく。僕は曲の最後のメロディーがドラソファーと下降音型のイメージだが、理樹君はドレソファーの最後のフレーズが上昇音型になる。僕のイメージで何回か下降音型で弾いていくが、どうも納得いかない様子だ。「こう弾きたいのかな」と気づき理樹君の弾き方に合わせて終わらせると、自分から握手をしてきた。

終わってから近藤さんとお母さんが話しているのを聞いている。十分くらいすると一人で車に戻る。そして十分すると「ハヒー」と車から声が聞こえてきた。

十一月十一日(日)十一時

秋の定番『紅葉』『まっかな秋』はもう身体の一部になっている。

理樹君はメロディックな曲を好む。前に比べると軽快な曲よりも叙情的な曲に傾向が変わってきたのだろうか。それでも今流行りのリズミカルな曲も口ずさむことがあるらしい。

『夜空のムコウ』は「ぼくの心のやらかい場所を　今でもまだしめつける」を中心に弾いていく。ラララシ♭ソラシ♭　シ♭シ♭シ♭ドラシ♭ド　ドドドレレレ〜と上昇していく所で、僕も一番気持ちの入る部分である。ここを弾いていると冷静でいられなくなる。先に先にと気持ちが動いていく。それは上昇するメロディーとハーモニーの動きによるものだと思っている。

学生時代どうしてもシューマンの『アベック変奏曲』が弾きたくて、ピアノの中村ミキ子先生にお願いした。自分から「弾かせて下さい」と言ったのははじめてである。それはクリストフ・エッシェンバッハの弾くレコードで、フィナーレの右手の軽やかな音型に呼応するように左手のシ♭が出てくるのを聴いた時に、身体の芯がしびれるような何とも言えない感じがした。そこが弾きたくてお願いした。もちろん自分のピアノの技術ではとうてい弾きこなせなかった。

僕はシbは指の→で示していくが、和音を弾いて理樹君がメロディーを作っていくのを待つ。理樹君が弾き始めると

「そうだ、ドドドレ〜」と声をかける。

そして次の「あれから　ぼくたちは〜」のファラドレーレミレミファーに繋げる。この部分をどのくらい繰り返したろう。この曲はメロディーとハーモニーが美しいがリズムが複雑だ。タイも多く出てくる。曲の終わりから順々に弾いていこうと思っている。

『夢の世界を』はハ長調で八分の六拍子。理樹君は上体を左右に揺すって聴いている。自分でもメロディーを見つけられるが、僕は「ドシミソ」「ドレドドシ」とフレーズ単位で階名をガイドする。この方がずっと弾きやすい。「さあ　出かけよう」の所はドミソとミソ#シレの和音で気持ちを集中させていく。曲の最後は理樹君はドをのばし、僕はドーレミファミレドーと弾いて彩りを添える。

肩の力が抜けて「理樹君と音楽をつくっているな」と感じる瞬間である。これは伴奏が華美な時ばかりでなく、静かにドミソの和音だけで音の消えるのを二人で聴いている時にも感じることである。

十一月二十一日（日）十一時

今日は上尾市のマラソンのためにいつも通る道路が通行止めで違う道路を走ってきたが、一回戻ろうとするとお母さんの頭を叩いたという。「戻ってなるものか」の意思表示だろうか。いつもの国道十七号に出ると落ち着いたらしい。

『夜空のムコウ』は最後から弾いてだんだんはじめに戻る。ラララシ♭ソラシ♭はよいが、次のシ♭シ♭シ♭ドラシ♭ドにフラットがつかないので、「見てて」と声をかけモデルを示す。次はフラットをつけている。首筋に汗をかいている。この部分は理樹君も気に入ってエンドレスのように弾き続ける。握手しても不思議に手に汗をかかずスッキリしている。

「全部弾かなくても、ここだけでもいいかな」と思ってしまう。実際それでもいいと考えるが、つい「ここも」と思うのは僕の業の深さだろう。

「ラとミを弾いて」久しぶりの即興演奏だ。戸惑いながらも二分音符にして弾いてくれる。僕ははじめは同じ音とリズムで弾いていく。少ししてメロディーを入れる。しかし、何か作りにくい。即興といっても何を即興しようか。二分音符の間にいろいろ考える。以前、今よりもパニックが頻繁な頃は、新しい場面に適応してもらおうと思ったり、こだわりを改善させようとリズム変奏を行ったが、今どんな音が理樹君に必要か。あるいはどんな音を欲求しているか。考えるほど音が出せない。一緒に同じ音を弾き続ける。和音を変えるとそれをみて理樹君も変えている。ただそれだけだ。結局いくつかの和音を組み合わせてラミで終える。

季節はめぐる

十二月五日（日）九時半

とてもよい機嫌で入ってくる。手の傷も見えない。お父さんが福島に猟に出かけたお土産のリンゴをいただく。「ありがとうございます」

『夜空のムコウ』では僕の前奏や途中まで弾くのを待ち切れないかのようにピアノに手を伸ばしている。まだ入れないとわかるとイライラして頭に手をやっている。やっと自分の所が来たという表情で弾き始める。エンドレスのように繰り返す。ほとんど弾けている。時折僕の指の→の出番がくる。「シのフラット」という言葉かけはやはり言いにくい。

『大きな古時計』はヘ長調で四分の四拍子。ここでもシ♭の登場だ。以前ハ長調で弾いているのでメロディーは弾きやすい。あとはシ♭に気をつければいい。音を聴いて自分でも弾き直している。これはとても大切なことだ。

『上を向いて歩こう』『さんぽ』と続く。曲の感じが変わり、理樹君も力強く弾き始める。小指を寝かすようにして大きな音で弾いている。手はいつものように宙で止めて肘は動きの軸になっている。

「カン」と軽い金属音がした。高いシ♭の弦が切れた。理樹君は気にすることなく勢いよくピアノを弾いている。

十二月十九日（日）十一時

今年弾いてきた曲を弾いていく。半年前の曲もある。『だんご三兄弟』『星に願いを』『だんご三兄弟』は♭のことは忘れているが、メロディー自体はきちんと覚えている。『星に願いを』ではソミレドシドファーでのばす所は十分に音の余韻を聴いている。『夜空のムコウ』は前半も練習しようと思うが、理樹君は中間と後半だけで十分というような感じである。「ここだけ弾ければいいや」と決めたのかと感じた。自分の弾く所まで僕のピアノを聴いて待っている。実際タイや音の跳躍など前半は音も繋げにくい。リズムの複雑さや曲の長さもあるように思える。

「これでもいいや」と僕も思い始める。

『愛燦々』は途中で一回頭に手が行くが、僕は手を持って、三十秒くらいして「弾いて」と声をかける。その後は全く不安定にはならない。

「この前、家に調律師が来た時に自分のピアノに何をされるのかと思ったらしく、何回も部屋を見に行ってました」

「自分のピアノだという気持ちが強いんでしょうね」

「作業所でも自分で行動しようとした時に声を出して指示されるとパニックになるようです。パニックの原因がはっきりわかるようになってきました」とお母さんは話された。

今年は僕自身も変化があったけれど、「理樹君も大きく変わってきたな」と思いながら二人を見送った。

二〇〇〇年（平成十二年）四月十五日（土）十一時

中島みゆきさんの『時代』は、年末に年賀状のCMに登場する耳慣れた曲である。また『クリスマスイヴ』もJR東海でおなじみの山下達郎の曲である。理樹君は『クリスマスイヴ』はあまり好まない。やはりこの頃はメロディックな曲を好む。これは僕自身の好みかもしれない。

「一回弾くから聴いててね」

三連音符の分散和音（アルペジョ）で前奏を弾き始める。左手をミソドミドソと二小節繰り返した後に、右手でミファソラーソーとメロディーを入れる。そして気持ちを整えるように、「そんな時代もあったねと」のメロディーに入る。理樹君は上体を左右に揺するながら聴いている。この三連音符の伴奏型では上体を左右に揺することが多い。『愛燦々』の時もそうだ。三連音符をレガートで弾くと音楽が流れて先に進む感じがする。常に動いている感じだ。すでに耳慣れているせいか安心感もあるのだろう。「まわるまわるよ　時代は回る」のドーレミーミーミファーミミレドーシドシラーの三連音符がタイになっている所では、自分でも弾きたいのか手が鍵盤に伸びる。「聴いてね」と言って最後まで弾いていく。はじめから弾き直し、「まわる」の所で理樹君に右手を差し出し「どうぞ」と合図を送る。理樹君は三連音符に乗るようにメロディーを弾いていく。それでも三連音符のタイの部分は八分音符のように弾いている。伴奏の三連音符を強調して導いていく。止まる時は階名でガイドして少し待つ。二回三回と繰り返すうちにメロディーが正確になっていく。今度は僕が上体を揺すっている。「今日は別れた　恋人たちも」では、ミソシ　ラド#ミソ　レファラの和音を弾いてメロディーを支えていく。クレッシェンドとデクレッシェンドをつけて気持ちの高まりと落ち着きが見えてくる。この部分を何度も何度も繰り返す。繰り返すたびに理樹君はメロディーを確実に自分のものにしていく。

四月三十日（日）

「次は、〈そんな時代もあったねと〉のところも弾いてもらおう」

『時代』の前奏を弾いていく。まずはこの前に弾いた所だ。僕は、ドレミーミシドレー　レドーファラソーと声をかけていく。次のフレーズは声をかけないが、理樹君は自分でメロディーを探している。「だいたい弾けているな」と思いながら伴奏を続ける。「今日の風に　吹かれましょう」の二小節で少しテンポを緩めてクレッシェンドする。そして理樹君は自信を持って次のメロディーを弾き出した。三連音符は先に進むようだと思っているが、さらに円運動のように思えてくる。終わりがあって終わりがないような、そんな不思議な思いがしてくる。それにはこの曲の歌詞にも影響されているのだろう。

五月十四日（日）九時

いつもは十一時からレッスンを行うが、今日はどうしても用事があり、朝九時からにしてもらった。昨夜「明日は早いからね」と言うと、理樹君は今朝は六時に起きてきたという。昨日はレスパイトでボーリングとカラオケに行ってきて、二日間は好きなことが続いているので明るい表情でレッスン室に入ってくる。

ここ数回は『川はよんでる』で始める。十年前に戻ったようだ。三拍子の前奏でスムーズに入ってくる。

今日は母の日。途中で『母さんの歌』を一緒に弾く。久しぶりだがゆっくりと、そして心を込めて弾いていく。

お母さんはレッスン後に理樹君に「ありがとう」とお礼を言っている。

「五月五日で三十歳になりました。ここで何か一つ区切りをつけたいとお父さんと話しているんです」

「三十歳……。その半分近くはピアノのレッスンに通っているんですね」

「時間が経つのは早いですね」

「本当に」

僕は現在、病弱養護学校に勤務している。

その音楽の授業で生徒たちに聞いてみる。

「どんな人間にも共通しているものは何だろう。男性も女性も、皮膚の色の違いや年をとっている人も若い人にも共通しているのは何だろう」

「……」「空気」

「そうだね。他には」

「空」

「それもあるね。他には」

「……」

「先生は時間だと思うんだけど。どんな人も二十四時間は変わらないよね」

「でもいい時間だったらいいけど」

「そうかもしれないね。嫌な時間だったら辛いよね。でもその二十四時間をどう過ごすかは、またどんな時間にするかは自分たちの過ごし方もあるかもしれないね」

今がどうでも、そういう時代があったと思えるようになってほしい。人は常に同じではない。必ず変わっていける。そのためには何よりも時間が必要だ。

「今日が、いや……今がいい時間になるように」と願いながら、理樹君とピアノを弾いている。

理樹君は満足気に僕と握手した。

レッスンを見守って

松岡シズ子

「もしもピアノが弾けたなら、思いのすべてを……」「人はやさしい、やさしいものです」理樹がピアノで弾いて聞かせてくれます。

障害者のツアーの帰りのバスの中で、お礼の一言の代わりに『まっかな秋』を歌いました。五日間同行した若い男性の添乗員さん、すきとおるような純粋な彼の歌声にひどく打たれ、感情を押さえるのにひと苦労のようでした。旅の毎日の様子からは考えられなかったのでしょう。彼に音楽があって良かった。彼を認めてくれたのは彼の持ち得る小さな力、音楽でした。彼は今三十歳。今でも「お母さん」とは言ってはくれません。でも充分です。ほんとうにありがとう。

昭和四十五年五月五日、理樹は子供の日に生まれました。音楽との出会いは幼稚園時代にありました。担任だった音大出身の野澤珪子先生が彼がピアノの音に興味があると気づいたことにあります。小学校四年生の頃、野澤珪子先生によるレッスンの第一歩が始まりました。中学校まで恵まれた環境で過ごし、担任の勧めもあって地元のおせんべい工場へ実習に行きました。

担任と彼、彼と私、彼と工場の人たち、二人三脚、三人四脚、工場の機械もこの会社では、彼らが使い易いように絶えず考えられています。真夏のおせんべい工場は四十度をこえ、最初の三日間はお昼がほとんど食べられなくなるほどきついものでしたが、がんばりました。良い人たちに囲まれての実習でしたが、最終的に人間関係で心配な点があるという理由で不採用になりました。就職をあきらめ彼は養護学校高等部へ、私は地元に福祉作業所づくりと別々に歩み始めました。この頃、今まで見ていただいていたピアノの先生の紹介で土野先生と出会うことになりました。

最初のレッスンの時に、土野先生に「彼のピアノがどうなることをお望みですか」とたずねられました。彼が生きて行くなかで一つの楽しみ、余暇活用の助けになればと考えています――そういうお話をしました。また、埼玉から千葉まで通うことで外出の機会ができたのは良かったと思います。最初のころはバスと電車を使い約一日かけて通い、切符の買い方、車内でのルールなどなかなか大変でしたが、身に付くことも多く大切な時間でした。今は車で通っていますが、彼と二人でラジオを聞きながらの往復は、また楽しい時間となっています。ラジオから流れてくるアナウンサーの話し言葉、リクエスト曲などとても良く耳に入り、好きな音楽などあわててボリュームを上げたりすることもあります。たまには原因も分からずパニック状態になり、自傷他傷もあり、車を止めて落ち着くのを待つこともありますが、だいぶ少なくなりました。ピアノのレッスンにでかけることが大きな楽しみになってきているのかもしれません。レッスン当日は自分で起きて外出用の洋服に着替え、食事をし、時間になると必要なノート等を持ち、車にのって待っています。この日は〝指示なし人間〟です。

通い始めて三年くらいは、あまり楽しい時間ではなかったように記憶しています、大きな山を越えたように楽しみに変わったのはそれ以降のことでした。自分の知っている曲、好きな曲をピアノを通して自分で表現できることで、相互作用となったのでしょうか、ますます音に敏感になってきました。やさしく、そっと、ゆっくり、早く、強く、大きくなども、ピアノで表現できるようになり、日常生活の中でも感情の広がりも出てきました。自閉症と呼ばれる人たちは、ひとつのことができても、そこから多方面への広がりは、難しいと言われていますが、少し違うと思い始めています。良い点、困る点、ずるさなども出てきて人間の丸さが感じられるようになりました。

高等部卒業と同時に、地元に福祉作業所を開所することもかないました。今では良い環境に囲まれた素敵な建物の中で日中を過ごしています。隣接した町の公園や地元の民間企業の本田航空の清掃作業、室内軽作業、またクラブ活動として、ハンドベルやバンド演奏も楽しんでいます。帰宅してからは自分の部屋で、妹に特別に作ってもらったＮＨＫの「みんなの歌」などが入ったＭＤを毎日聞いています。大きなボリュームで聞く彼に「小さくして聞いてね」と繰り返す毎日で、これはなかなかわかってくれません。注意された時だけは小さくするのですが、すぐ大きくしてしまい困っています。また、土野先生に作っていただいたレッスン用のテープで自宅で一人でピアノに向かい練習できるようになりました。

休日は、埼玉県が始めたサポート事業で、委託された社会福祉法人のサービスを利用して同世代のサポーターと外出して、カラオケ、ボーリング、水泳などを楽しんでいます。

最近では、彼がピアノを弾くことを知った友人の発想でプロのヴァイオリニストの方がボランティアで出かけてくれ、ミニコンサートを百人もの人たちと聞くことができました。

彼と共に歩んで来た三十年、今思いおこすと良いことのみが思い出されるのが不思議です。彼のおかげで数えきれない人たちと出会いたくさんの栄養をもらい、価値観さえ大きく変わってきたように思います。

藤井フミヤさんがテレビドラマで演じた、自閉症者「輝さん」の言葉の「いらない部品はありません」。ほんとうにそう思います。今忘れかけていること、世の中に不足しつつある何かを彼らが思い起こさせてくれているような気がします。

最後に厚かましく紙面をお借りして、今まで、彼にかかわっていただいたすべての皆様にお礼申し上げます。ありがとうございました。これからもどうぞよろしくお願いします。そして生まれてからずっと一緒の娘、一言も愚痴ることなく私にいつも勇気を与え続け、元気をくれた彼女に感謝しつつ終わります。

平成十二年七月二十三日

あとがき

理樹君との十四年に及ぶレッスンを振り返ることは、まさに僕自身を見直す作業でした。理樹君、未熟なレッスンについてきてくれて本当にありがとう。そして何よりも遠方から通い続け、いつでも温かく見守って下さったご家族に心から敬意と感謝を申し上げます。観念や理念が先行した数年を経て、「音楽を楽しむ」とは何かを、少しずつ実感することができるようになりました。理樹君がパニックになって頭や頬を叩く姿は、僕自身に向けられているように思えてなりませんでした。それでも理樹君は音楽を通して気持ちをうまく抑えたり切り替えることを身につけていきました。僕はパニックをただ止めるだけではなく、待つ余裕やかけひきも身につけるようになりました。

理樹君と向かい合うとき、障害というレッテルを外し、どのくらい僕自身が素の状態になれるかを学んだように思います。理樹君の成長とともに僕自身の音楽の考え方、ピアノの楽しみ方、パニックの対処の仕方、それに生きるという意味も、変わってきたように思います。それは十年以上も理樹君と係われたことによって分かったことだと思います。

以前、京都清水寺、森清範貫主様から戴いたはがきに次の言葉が書いてありました。

「音楽とは観音さんだと思います。〝観〟は私たち主観、〝音〟は私たちを取り巻く環境です。私がいかに音の世界を理解し音と一体化するか。これは〝教育〟のテーマだと受けとっています」

また平成十年のリサイタルの折、「二十年三十年　及び一生も　此一日一夜にて候　大智禅師法語」とお祝いの色紙を戴きました。全てはその一瞬（とき）を精一杯生きなさい、というお諭しだと解釈しました。音楽も一瞬にして音は消えてしまいます。しかし、形としては残らなくても人の心や身体に染み込んでいくのではないでしょうか。また形として残らないゆえのよさも音楽にはあると思います。それを信じながら紆余曲折はありましたが、少しずつ理樹君の音の世界に近づけたように思います。

中学校の修学旅行で土産に買ってきた、広隆寺の弥勒菩薩の壁掛けがピアノの横にかけてあります。もう三十年も僕の音を観て下さっています。どうして買ってきたのか記憶は定かではありませんが、その柔和なお顔に惹かれたのかもしれません。そのお顔を眺めると心が落ち着くことが多くありました。仏縁といってよいでしょう。

埼玉県妻沼町の聖天山歓喜院　鈴木英全院主様には、有り難い仏縁の道をつけていただきました。その穏やかなお人柄や人とお話される姿から、人を癒すとはこういうことなのかを学ばせていただきました。また比叡山玉照院の上原行照大阿闍梨様には、日々の精進の大切さを教えていただきました。

今、僕は日本人にとっての音とは何かを考え始めています。いつまでかかるかわかりませんがじっくりと取り組んでみたいと思います。これは、J・アルヴァンの『音楽療法』（櫻林仁・貫行子共訳、音楽之友社）の序説にある「われわれの音楽は、東洋からの影響をほとんどうけていないし、東洋の音楽は、まったく異なった音楽的体系と哲学に基づいているのである」との言葉に強いこだわりを僕自身が持っているからです。それと合わせて音楽療法における「身体性」や「声」も大きなテーマです。障害児の音楽療法についてこれらを含め、これまで考えてきたことをいずれまとめてみたいと思います。

時代が変わる世紀末にあたり、本書を執筆できたことは何よりも嬉しく思っています。

最後に遅々として進まぬ原稿を支えて下さった編集部の近藤文子さんに心よりお礼申し上げます。

合掌

平成十二年九月十六日

比叡山玉照院にて

土野　研治

補章　音楽療法としてのレッスン

繋がる　理樹君との再会

二〇一五（平成二十七）年一月三十一日（講習会）、二月一日（地方大会）の両日、第十三回日本音楽療法学会関東支部講習会・地方大会（千葉）が千葉市文化センターで開催された。筆者が大会長、蔭山真美子先生が実行委員長となった。大会テーマは「音・音楽からのメッセージ——人と繋がる　地域と繋がる」である。一般公開の特別講演は、「音楽の持つ力」をテーマに、音楽評論家・作詞家・日本音楽療法学会理事の湯川れい子先生にお願いし、多くの参加者が耳を傾けた。

大会長としての講演は、「音・音楽で繋がること」と題して、私がこれまで行ってきた特別支援学校での実践について、理樹君との連弾や作業所での様子、さらにはお母様へのインタビューも含め、映像で紹介した。インタビューは理樹君のご自宅に伺い、その時に初めて理樹君の通う「社会福祉法人ウイングワーク&ライクのぴっこ」を見学し、作業所での彼の様子を見た。クッキー作りや紙漉き作業などを行い、素敵なカフェも営業している。

その日、理樹君は洗濯物を干し場まで運んでいた。遠くから顔を見せると「何でここにいるんだろう？」と不思議そうな表情をしていた……。

大会長講演では、私が埼玉県立越谷養護学校で音楽の授業を担当した村田玲子さんが当時和文タイプで作詞し、私が作曲した『雲』の歌を録音テープで紹介した。その音源は、この曲を二〇一三（平成二十五）年の日本大学芸術学部音楽学科ファカルティコンサートで歌った時のものである〔この曲の楽譜は、土野研治「林芙美子の古里――『浮雲』から聴こえる音楽から」（『世界の中の林芙美子』日本大学芸術学部図書館、二〇一三年）に掲載されている〕。

『雲』の思い出　玲子さんとの再会

その日、村田さんは演奏会を聴きに埼玉県春日部市から練馬区にある日本大学芸術学部江古田校舎までボランティアさんと一緒に来てくれた。またその日は、越谷養護学校で担任をした時の生徒である今井幸彦君もお母さんとお姉さんと一緒に来校され、旧交を深めた。

演奏後、村田さんと今井君が研究室に来てくれた。

そこでボランティアさんから村田さんの気持ちが伝えられた。

「土野先生と会うのは久しぶりなので、ドキドキすると言ったんですよ。玲子さんからドキドキするという言葉を聞いたのは初めてです」

また、歌の演奏中、村田さんは「先生が神様に見えた」と言っていたと聞いたので、「玲子さん、先生はね、そのうち仏様になるからね」と返して、皆で大笑いした。このような会話も通じるところがよい。

今井君は「川口太陽の家」に通いながら、トーキングエイドで詩を書き始め、二〇一一年九月に萌文社から『今井幸彦詩集　みんな生きていたい』を出版した。鎌田實氏の推薦文も載っている。今井君とは卒業後も時折やり取りしていたが、残念なことに二〇一六年に他界した。太陽の家は「工房集」というギャラリーを開設している。世界でも注目を集めている素晴らしい作品を美術館や企業と連携し、世の中に発信している。太陽の家には、越谷養護学校、越谷西養護学校の卒業生がお世話になっている。

久しぶりの連弾

二〇一七（平成二十九）年七月四日から八日まで、茨城県つくば国際会議場で「第十五回世界音楽療法大会」が開催された。日本音楽療法学会主催による初めての世界大会で、四十八カ国から約三千名の音楽療法士や音楽療法を学ぶ学生が参加した。その様子はダイジェスト版として日本音楽療法学会のホームページにアップされている。世界大会では期間中にランチパフォーマンスが連日開催され、私も理樹君とピアノ連弾で出演した。

世界大会の前年、理樹君はご両親と野田まで顔を見せに来てくれた。近況を伺い、久しぶりにピアノ連弾を約十曲近く行い、楽しい時間を共有できた。私の仕事の都合でレッスンが難しくなり、知人の紹介で代わりの先生が理樹君の自宅まで来てくださり、同じような形態でレッスンが続けられている。

約十年ぶりに連弾をして驚いたことは、理樹君がほぼ完璧にメロディーを弾けたこと、四十五分集中力が持続したこと、手首や腕の力が以前より抜けていること、何より音楽を楽しんでいることだった。ご両親も理樹君の集中力、音楽表現に驚かれた様子で、お父さんから、「いつも先生が理樹に合わせてくれて、理樹も自分のペースで弾いているけれど、今日は自分から先生に合わせようとして普段と全然違うね」と言葉が出た。

楽しみながらも真剣な表情は、普段とは異なるとのことだった。

自閉症といわれる人の記憶力は確かなものがあり、それがこだわりにも繋がるところが難しい部分でもある。情緒的にも身体的にも、あるいは対人面でも、一番多感で不安定な時期に音楽を介して向かい合ったことが、今なお理樹君と繋がっていることがわかり、それは大きな驚き、喜びとなった。ランチを近くのCafe & Dinning Toshiでとり、ノンアルコールビールで乾杯！した。

理樹君のピアノの弾き方の特徴は、手首を少し高くして鍵盤を押すように打鍵すること、手首から打鍵するのではなく、肘を体幹につけるようにして肘から指先まで一直線にして鍵盤を弾き、音を伸ばすときは次の音まで鍵盤から手指を離して宙で待っていることである。ペダルは私が操作するので、音楽的な流れが止まることはない。

理樹君は、音楽に合わせてテンポや強弱をつけ、メロディーの音の一部を（黒鍵などを）抜かして弾くなど、理樹君なりの奏法で楽しんでいる。パニックは全くなく、時折確認するように私を見て、指で頬を触れてくる。「ああ、こうやって確かめているのか」と考える。

世界大会のランチパフォーマンスは《ツッチーと仲間たち》のタイトルで出演した。出番はランチパフォーマンス最終日、七月八日のラストを飾ることとなった。演奏曲目は、『川はよんでる』『少年時代』『上を向いて歩こう』『世界に一つだけの花』の四曲。多くの聴衆が見守る中、堂々と、そして楽しみながら演奏し、大きな拍手をいただいた。

ピアノ連弾の後は、結成五年目の本間惟彦君と小柳拓人君のデュオ「ノブタク」によるヴァイオリンとフルートで『美女と野獣』、ヴァイオリンソロ『チャルダッシュ』とピアノソロ『トルコ行進曲コンサートパラフレーズ』が演奏された。ノブ君のしっとりした音色のヴァイオリンとタク君の透き通るような音色のフルート、超絶技巧でのピアノ演奏、それぞれ大喝采を浴びた。二人とは台湾自閉症楽団と日本の自閉症者によるコンサートで知り合い、交流を続けている。彼らは現在、オーティズムミュージシャンとしても活動している。

演奏後、お茶を飲みながら、二十年以上の年齢差があるお母さん方の会話を聞き、障害のある子どもを取り巻く時代の流れと自閉症児を育てる大変さを改めて感じた。今さらながらご家族の愛情と理解、協力がなければ〈今〉はないと思った。

七月四日（火）のプレセミナーで、私は、「宇佐川理論に基づいた発達障がい児のための音楽療法——日本で発展し体系化されたアプローチ」というテーマで講演した。三コマ連続の講演だったが、海外からの参加者も含め、宇佐川理論といわれる「感覚と運動の高次化理論」を紹介できた。

宇佐川先生は二〇一〇年に六十二歳で亡くなられたが、奇しくも六十二歳の私が世界大会で講演できたことに《縁》を強く感じる。

さらに、ワークショップでは、「声明」を真言宗豊山派の田中康寛師らの協力を得て行った。中ホールが満席となり、塗香で手を清め声明を身体全体で受け止め、参加者とともに唱えた。日本からの《音》の発信であった。

ツッチーと仲間たちのメンバーには、その後、二〇一七年十月に行われた江古田音楽祭にも出演して貰った。当日は台風の影響で朝から大雨となったが、会場である日芸のギャラリーには多くの聴衆が集まった。同時期にA&Dギャラリーで一週間、「表現の根源」をテーマに、川口太陽の家工房集の作品展が開かれた。

また、十二月二日には、埼玉県立越谷西特別支援学校創立三十周年の記念コンサートでも、ピアノ連弾を行った。体育館に児童生徒、保護者、関係者など大勢を前にして緊張気味だったが、演奏が始まると力強いピアノの音が体育館に響いた。特別支援学校卒業生の演奏をどのような思いで聴いて下さっただろうか。音楽療法の基礎をここで学ばせてもらった感謝を込めて演奏した。当日は同僚だった小池八重子先生のピアノ伴奏で、『雲』『ぼくたちの青い鳥』［楽譜は本書巻末に収録］も歌わせていただいた。日本大学芸術学部音楽学科四年生土野ゼミの五名も身体運動や楽器演奏を披露した。

本番に向けて

二〇一七（平成二十九）年六月九日（金）十六時三十分〜十七時十五分

この日、僕は所沢校舎での授業を終え、少し早めに川島町の理樹君の家に到着した。松岡家の仏壇には京都の大仏師松本明慶師の大日如来が安置されている。明慶師が熊谷の八木橋百貨店や池袋の東武百貨店で仏像彫刻展を開催された折にも、ご両親と訪れている。また、明慶師と親交のある熊谷市の「なでしこ保育園」の記念式典で、明慶先生のご講演後、歌とピアノ連弾を行ったこともある。

「素晴らしい仏様ですね」

「本当に」

お母さんと話していると、理樹君が作業所から帰宅した。挨拶を交わして、僕の顔を覗き込んでいる。

「誰ですか？」と聞くと「土野先生！」と、すぐに応えてくれた。

応接間にはお父さんが猟で射止めた鳥の剥製がガラスケースに飾られ、アップライトと理樹君が三十歳の時に買ったグランドピアノが置かれている。アップライトピアノは年代物で、貴重なピアノである。「ここで長い時間ピアノを弾いていたんだな」と感慨深い思いで部屋を見回す。グランドピアノは、理樹君の打鍵が強いためよく弦が切れると聞きながら、我が家のピアノの弦も何本か切られたことを思い起こす。

お茶とお菓子をいただいてからピアノを弾くことになっていたが、理樹君はあっという間に食べてしまい、他のお菓子に手を出そうとするのを止められる。

候補曲を何曲か弾いてみる。『世界に一つだけの花』『少年時代』『あなた』『川はよんでる』『上を向いて歩こう』『大きな古時計』『夢の世界を』など。『あなた』『夢の世界を』は忘れかけている部分があるけれども、他の曲はしっかりとメロディーを弾いていく。音楽が十分に身体に染み込んでいるので、楽しみながら弾いているのが伝わってくる。以前よりも自由に音楽を楽しんでいるようだ。『川はよんでる』はト長調でファ#が出てくるが、気にせずにファのままで弾いている。

ご両親が揃って演奏を聴いている。久しぶりの連弾で、理樹君も一緒に弾いた音楽を思い出しているようだ。両手でメロディーをユニゾンで弾いているが、曲によっては音を抜かしたり、右手は5の指だけで弾くなど、理樹君なりの弾き方が定着している。現在、パニックはほとんど起こらず、起こったとしてもその理由がわかるという。また、コンビニで買い物ができるようになったと、ご両親からお聞きした。

「じゃ、十六日に来るからね」と伝えると「十六日、十六日…」と繰り返している。言い終わると一人で部屋を出ていった。

六月十六日（金）十六時三十分〜一七時十五分

十五分前に到着する。十六時三十分に理樹君は帰宅した。応接間をのぞいて、洗濯物を置いてから部屋に入って来た。レッスンがあることは今朝伝えたという。伝えるタイミングがあるようで、あまり早過ぎると緊張して何度も聞いて確かめるとのこと。日々の生活での配慮点である。

『川はよんでる』『少年時代』『上を向いて歩こう』『世界に一つだけの花』の四曲を候補として、二回通して弾いてみる。少しずつ形になってきた。当日の会場や服装について打ち合わせる。

六月三十日（金）十六時四十分〜十七時三十分

十六時四十分に到着。昨日はショートステイで、先程家に戻ってきたと聞く。お茶とお菓子をいただいている間もソワソワしていて、ショートステイで疲れたせいか、早くピアノが弾きたい様子である。

三回目のピアノ連弾が始まった。演奏曲目は『川はよんでる』『少年時代』『上を向いて歩こう』『世界に一つだけの花』の四曲とした。ステージにあがっているように、まず挨拶からスタートし、順番に弾いていく。少し感覚が戻ったようで、表情もよく、声も出ている。前回よりもエネルギッシュに弾いている。気になるのか、時折僕の顔を見たり、頬に触れたりしながら弾いている。

『川はよんでる』はト長調、四分の三拍子で、前奏四小節のあと、理樹君のメロディーが入る。二分音符と四分音符の〈タータン　タータン〉のリズムだが、四分音符が二つの〈タンタン　タンタン〉のリズムになることが多い。今日は〈タータン　タータン〉のリズムで二分音符を正確に弾き、ファ#の音もしっかりと弾く。『少年時代』は、ハ長調、四分の四拍子で、前奏はドミソの和音を四分音符八拍（二小節）弾くが、この前奏では『翼をください』のメロディーを弾き始めることがあったので、前奏を弾きながら「ミーミミ」と小声で伝えると、『少年時代』のメロディーを弾き始めた。間奏では二拍目と四拍目に〈𝄽ファ𝄽ミ　𝄽レ𝄽ド〉と弾けている。一拍目と三拍目になることもある。

『上を向いて歩こう』『世界に一つだけの花』は、軽快に、テンポも速くなることなく弾いている。『世界に一つだけの花』の間奏の〈ミーレドドー　ソラドレーソードー〉のメロディーも左手で弾いている。横から見ていると、伴奏に合わせようとする集中力と緊張感が伝わってくる。足はしっかりと踏みしめている。途中、椅子の座る部分が不安定になり、僕の椅子と交換する。弾きながら上体を動かしたり、リズムに乗っておしりを浮かせて強く座ったりするせいか、椅子も緩んでいるようだった。

音楽とともに気持ちも高揚してくるため、首筋や頭に汗をかいている。演奏の途中で僕の顔や頬を触れようとするが、音楽は先に進んでいくので、顔には触れず、ピアノを弾いている。二回目の練習では余裕が出てきたせいか、僕の顔に二、三度触れる。『川はよんでる』のメロディーは〈タンタン　タンタン〉と四分音符になっている。四曲通しても、もう手の甲に汗は出ていない。

三回目の連弾練習は、音楽的にも整ってきた。連弾を通して音楽の自由性を保ちながら音楽の構造に合わせているという気づきが重要であり、音楽活動を通して、音楽・対人・情緒・身体・環境すべてが《組織化》に繋がっていく。最後に挨拶をして終了となる。理樹君は落ち着いた表情でソファーに座っている。

「レッスン当初は自傷も強かったので、辞めさせてほしいとよく先生から言われなかったと思って」と、お父さんが話された。「表面的でなく、お互いに自分を曲げず向き合って、妥協しなかったのがよかった」と、お母さんも言葉にされた。十年以上ブランクがあってもすぐに音楽で時間を共有できたことは、理樹君と僕が深い部分でしっかりと繋がっているからだと思う。

七月八日（土）

待ち合わせ時間よりも少し早めに、理樹君はご両親と会場に姿を見せた。昼食はコンビニで買ってきたという。初めての場所で緊張しながらも、周りを見回している。本間君、小柳君も到着。ランチパフォーマンスでは、他の出演者の演奏を楽しそうに聞いている。

「ツッチーと仲間たち！」と、アナウンスがあり、ステージに上がった。ノブタクの演奏は拓人君のお母さんの司会で進められ、惟彦君のお母さんがデュオとヴァイオリンソロの伴奏を受け持った。

理樹君は聴衆をチラチラと見たり、僕の顔に触れながら演奏した。顔に触れるのは「これでいいね」「弾けているよ」というメッセージであろう。

第15回世界音楽療法大会
ランチパフォーマンス

理樹君との連弾

ツッチ―と仲間たち

会場から大きな拍手を受け、四人の演奏は無事終了した。

ピアノの有効性

理樹君とのレッスンは、声（歌唱）とピアノを中心に行われた。音楽療法ではクライエントが歌唱や様々な音色や操作性、形態を持つ楽器を演奏し、ピアノはセラピストが伴奏として用いることが多い。それを顕著に示したのはノードフ・ロビンズによる「創造的音楽療法」である。作曲家でピアニストとしても活躍したノードフによる声（歌）とピアノの即興音楽は、あらゆる子どもに内在する《ミュージック・チャイルド》を触発し、表現を引き出していく。ノードフの音と音楽が子どもとの音楽的なコミュニケーションを可能にした。

的確なアセスメントがあってこその即興音楽ではあるが、表情、息づかい、身体から発せられるリズム、情動の表出や沈静などを瞬時に捉え、音楽を提供していく。メロディ、リズム、ハーモニーの機能と音楽の形式を駆使して展開される即興音楽は、クライエントとセラピストとの創造の場である。また《間》の取り方が実に絶妙であり、それは表現を引き出すための《音楽的な間》にほかならない。無音という音から有音が紡ぎ出されていく。ノードフ亡き後は、キャロルと共にセッションは継続された［一九八四年、安田生命社会事業団がロビンズ・キャロル夫妻を招聘し、音楽療法セミナーを開催した。筆者は日本音楽療法学会誌十二巻一号に掲載された「即興演奏の意義」――クライエントを触発するセラピストの音と音楽」で、その時の様子を報告した」。

ここでは、理樹君のレッスンから考えられるピアノの特性について検討する。

音楽的側面

(1)八十八鍵を有し、豊かで多彩な音色、音量、強弱のダイナミズム、微妙なニュアンス、余韻、メロディー、リズム、ハーモニーを駆使し、クライエントの状況に即した音楽を提供できる。

(2)楽器の音・振動が床にも伝わり、部屋全体を音で包みこむことができる［スウェーデンで開発された「FMT脳機能回復促進音楽療法」では、ピアノの振動や響きがクライエントの身体に与える影響を示唆している］。

(3)音を伸ばすことで余韻をともに味わうことができる。

(4)手をげんこつにして鍵盤を叩いて音を楽しむ、掌を開いて鍵盤を押すように音を出す、一本指で音を出す、二本指で二音同時に音を出す、ドミソのように三音同時に、あるいは順番に音を出す、片手や両手で弾くなど、触れる、弾く、叩く、押すなど、多様な音の出し方ができる。

(5)単音から和音へ、低音から高音へ、あるいは高音から低音へ、一音ずつ順番に弾く、グリッサンドによる表現、メロディーを弾くなど、多様な音楽表現ができる。

（6）楽器を鏡のようにして顔を映したり、グランドピアノではハンマーの動きを見るなど、音楽活動以外の視覚的にも興味を持たせることができる。

（7）鍵盤の位置を見比べたり、セラピストの弾くメロディーを記憶し、演奏（再現）するなど、視覚および聴覚と運動の連鎖、鍵盤の位置や順番の記憶、メロディーの記憶へと知的な活動として発展できる。

（8）メロディーを記憶し、演奏（再現）すること、メロディーを自分で確認しながら演奏（再現）することなど、時間の経過を追い、音楽で物語ることができる。

関係性としての側面

（1）ピアノは両者が楽器（鍵盤）に向かって演奏するため、セラピストとの対面を回避できる。このことは他者関係をとりにくい自閉症の子どもにとっては安心して取り組める。

（2）二人並んで座るため他者と対峙しにくい子どもでも、それほど圧力を感じずに同じ空間を共有でき、横目で確認するなど、比較的アイコンタクトが取りやすく、同じ楽器を弾いているという意識と関係性が構築される。

（3）椅子に座ることで自分の居場所が明確になる。

（4）譜面台においた絵や楽譜などを指差しながら演奏でき、子どもは指された絵や楽譜などを見ることにより、協同注視が苦手な子どもでも、同じ方向へ意識が向きやすい。

（5）お互いの手指や腕の動きに注意が向きやすく、セラピストはクライエントの手首や腕などを軽く触れることができる。援助方法としては、手首や肘に触れたり支えることで運動の支点を作り、自発的な運動を促進させられ、関係性を保ちながら自己の身体に気づかせることができる〔このことは、国立特殊教育総合研究所で行われた特別研究において検証されている。拙著『障害児の音楽療法――声・身体・コミュニケーション』第7章一五五頁を参照〕。

（6）クライエントとの距離が近いため、呼吸に合わせた歌いかけやピアノ演奏がしやすい。

環境としてのピアノ

ピアノは移動することのない大きな存在感を示す。これは部屋の大きさや楽器の大きさ（アップライトかグランドピアノ）とも関係している。またピアノのボディは黒が多く、自分の顔が映るので鏡のように見ることができるなど、クライエントを取り巻く環境の一つとして考えることができる。ピアノの前に座る、ピアノの下にもぐりこむなど、ピアノとの関係性も高まる。ピアノを弾く際のピアノとの距離感、ピアノの所有感、安全基地としてのピアノの存在が考えられる。

ピアノ連弾での配慮事項

（1）連弾という密着した構造であっても、セラピストとクライエントとの適切な距離感は保つ。

（2）手指や腕の動きだけに目を向けず、背中の状態、肩の上がり方、肘の状態、足のつき方、椅子に座る位置、腰の回転、左右のバランス、上体と下肢のバランスなど、協調運動として身体全体をみる。

（3）音楽の受容度、理解力、視覚と聴覚の優位性、記憶容量、手指の操作性、左右の手の協調運動、目と手の協応などを考慮し、提示方法を工夫する。

（4）足は床あるいは足台などにしっかりとつけさせ、腰と上体を起こさせるために腰や背中を軽くポインティングしたり、声かけを行う。また無理じいせずにクライエントがピアノを弾きながら自分自身で身体バランスをとり協調運動を行う（自己組織化）の場面を提供することも重要である。

（5）クライエントがより演奏しやすくなるように伴奏を弾くこと。伴奏でクライエントの演奏を補うことも必要であるが、クライエントが演奏できるようになってきたら、少し伴奏を抑え、クライエントに自分の演奏（表現）を認識させることが重要である。

音楽療法としてのレッスン

音楽療法の構造から考えると、理樹君とのレッスンは以下のようになる。

・セッションの形態＝個人音楽療法、母親（あるいは両親）が同室
・セッション場所＝セラピストの自宅レッスン室
・セッション期間＝一九八六（昭和六十一）年二月～二〇〇〇（平成十二）年五月、一三八回
・セッション頻度は、月二回で、セッション時間は四〇～五〇分（フィードバック含む）
・プログラム＝挨拶、手拍子・ジャンプなど、リズム運動、歌唱、ピアノ演奏、挨拶
・目標＝情緒の安定、対人コミュニケーションの改善、情動の発散と鎮静
・音楽面の目標
　第1期＝セッションに慣れる、正しい指使いで弾く
　第2期＝正しい指使いで弾く、レガートやスタッカートで弾く
　第3期＝メロディーを正しく弾く、指示された音を弾く
　第4期＝メロディーを移調して弾く
　第5期＝音楽表現を広げる
・使用曲目
　第1期＝セラピストのオリジナル曲
　第2期＝オリジナル曲と理樹君の耳慣れた既成曲
　第3期＝理樹君の耳慣れた既成曲。理樹君が高音域でメロディーを弾き、セラピストは低音域で伴奏を弾く。即興音楽（四小節ごとに指示された音を弾く）も使用する。

第4期＝既成曲を用い、理樹君がメロディーを弾き、セラピストが低音域で伴奏する。
第5期＝メロディーを移調したり、曲にバリエーションをつけ、応用力を高める。
［具体的な曲名は巻末の曲目リストを参照］

レッスン回数は一三八回に及んだが、大枠として本書の章立てに合わせ、第1期から第5期に分けることができる。各章のタイトルによって理樹君の変容が読み取れるが、ここではもう少し詳細に検討してみたい。

■第1期　出会い（十四歳）

第1回〜15回〈セラピストとセッション場面に慣れる〉

アセスメントを通してオリジナル曲を使用してのレッスンであった。「バイエル一〇〇番」を引き継ぐ形でオリジナル曲を十四曲作成した。

第1期は第一曲〜第八曲まで行う。各曲に練習目的が記述されているが、音楽療法セッションよりもピアノレッスンの要素が強く、指使いや基本的な和音を弾かせる。

セッション開始では挨拶として「まさきくん　はあい」を弾いて応答している。また、初めの音やリズムを変えて応答させている。

生活面では、理樹君の住む川島町からレッスン室のある野田までバスと電車を使用して一日がかりで通うという、新しい環境に慣れるまではかなりの時間を要している。

■第2期 「練習」から「音楽の楽しみ」へ〈十五〜十八歳〉

第16回〜第37回〈オリジナル練習曲と既成曲〉

中学校を卒業し、知的障害養護学校高等部に進学するが、新しい環境になかなか馴染めず、また身体的にも精神的にも不安定な状態が続き、自傷行為も頻繁にみられた。

練習曲はオリジナル第九曲〜十四曲まで行う。音楽的な楽しみよりもメロディー、リズム、ハーモニーを正しく弾くことが目標であり、レガートやスタッカートなどの奏法や正しい指使いなどが要求された。付点による右手と左手のずれは、基本的なテンポ感覚から生じるため難しい課題となった。

それでも少しずつレッスンに慣れていった。十九回目から練習曲に『こどものピアノ名曲集・上』から既成曲を加えていった。『川はよんでる』『かっこう』『メリーさんのひつじ』など、耳慣れた曲を加えたので、少しずつ楽しみの時間にもなっていく。なお、『川はよんでる』はその後、レッスン開始の曲として定着していった。

■第3期　ピアノでの対話（十九〜二十三歳）

第38回〜第54回

養護学校高等部を卒業し、福祉作業所へ通い始める。ピアノレッスンでは、既成曲を用い、理樹君が高音部でメロディーを弾き、私が低音部で伴奏を弾くスタイルが少しずつ定着した。

また、セラピストの言語指示で〈ドレミファソ　ソファミレド〉〈ラシドレミ　ミレドシラ〉と五つの音を順番に弾いてもらったり、〈ラドミ〉を八小節弾いてもらい、〈ドミソ〉の言語指示で八小節弾くことを始める。伴奏はテンポ・強弱をつけ、理樹君がそれに合わせるように導いていく。それは、音楽的・情緒的・身体的に調整力を高めることに繋がる。こうしたやり取りが音楽への共感性と緊張感を高め、成人式の二十歳の演奏会で結実することになる（一一六頁）。

曲目は、『川はよんでる』（セッション開始の曲、ト長調四分の三拍子）、『おもちゃのチャチャチャ』（ハ長調四分の四拍子＝情動の発散）、『ふれあい』（ニ短調四分の四拍子＝情動の沈静）、そして「即興演奏」（四分の三拍子、短調・長調・テンポ・強弱などを組み合わせた音楽との一体感、メロディー〔三つの音〕の一時的な消去と新しいメロディーの入力）の四曲とした。理樹君の特性に合わせ、まず「耳慣れた始まりの曲」、次に「発散的な曲」、続いて「少し穏やかな曲」、最後に「音楽的な一体感・情動の高まりと沈静のための即興演奏」という構成をとった。

ステージでパニックが起きないか不安もあったが、理樹君は音楽を楽しみながら、リハーサルでは、ステージから客席を見る余裕まで見せている。『ふれあい』は〝ｼﾊ〟が出てくるので、途中止まりかけたり、音を探すこともあるけれども、無事終了した。即興演奏では弾きながら声を発したり、椅子に座り直すなど、気持ちが高揚しているのがよく伝わってきた。

大きな拍手をもらい、理樹君はとても良い表情でステージを降りた。日常生活では情緒的にもまだ波があり、パニックも多かったが、音楽的には広がりを見せていった。

■第4期　音楽への意志（二十四〜二十七歳）
第55回〜第110回

レパートリーの拡大とともに『キラキラ星』のハ長調のメロディーをト長調やヘ長調に移調して弾くことを行う。それまでのリズム変奏よりも難しい課題だが、なるべく黒鍵がないように工夫して選曲した。これが弾きたいという音楽的な意志が強まり、自分でメロディーを繋げていく様子も見られた。伴奏で和音を提示すると、その和音から自分でメロディーを探していくことも少しずつ行っている。

生活面ではまだパニックに陥ることも見られたが、少しずつパニックの質は変わってきている。自分との折り合いをどのようにつけるかを模索し始めた時期でもあり、私は理樹君の音楽表現に伴う情動の発散の仕方を少しずつ理解するようになってきた（一九四頁）。

理樹君のパニックに波があるように、私の体調も不安定な時期であった。しかし、松井紀和先生の提唱する音楽療法での音の使い方であるBED-MUSICを中心に『音楽療法の実際』を執筆した経験は大きな節目になっていた。同時に、妻沼聖天山の鈴木英全院主様や清水寺の森清範貫主様、比叡山の叡南俊照大阿闍梨様や上原行照大阿闍梨様との出会いと交流は、私自身の生活面と音楽を行う上での基盤になっていった。

■第5期　今がいい時間になるように（二十八～三十歳）
第111回～第138回

レパートリーが増え、音楽的な楽しみが増した分、弾きたいけれど弾けないという悔しさも現れた時期である（二二〇頁）。『喜びの歌』のリズムを変えて弾くなど、基本のメロディーは変えずリズム変奏を行った。基本的な要素（メロディー）を変えず新しい要素（リズム）を加えることで、難しい課題にも取り組んでいった。それまでのリズミカルな曲による情動表現からメロディックな曲による音楽表現への移行も見られた。音楽的にはハーモニーのつけ方を工夫して情動を揺らしていくことや、テンポを揺らしてルバートをつけるなど、複雑な要素を取り入れた。

私と理樹君は、音楽的に触発しあいながら、共感性を高めていく（二五二頁）。守られた空間での音楽活動が適応的な情動発散として、またメロディーを繋げ物語る作業を、理樹君と私の協働作業により「今がいい時間」へと繋がっていった。

フィードバックと「こだわり」の軽減

理樹君のパニックや自傷行為は、非常に強いものだった。血が出るほど手の甲を噛んだり頭や頬を叩くことが頻繁にみられたが、人を叩くことや物を投げるなどの行動はあまり見られなかった。第4期以降、あまりパニックが激しい時は薬を服用することもあったが、それはご家族のためでもある。自傷行為はエネルギーや攻撃性が自己に向き、情動が自己を循環するかたちになっているが、一緒にいると、やはり辛い。

音楽療法では、声を出すことや歌うこと、楽器を演奏したり身体表現などで、攻撃性を音楽に置き換えることが重要であり、適応的な情動表現としていくことが求められる。鍵盤をどれだけ強く叩いても音楽表現として捉え、セラピストの音楽が支えていく。その際、クライエントの表現を見逃さないこと、否定しないこと、表出された表現を活用して、一緒に音楽を作っていくことが重要になってくる。クライエントの叩いたリズムをそのままEcho（反響）するのではなく、音楽的にしてEchoすることである。

クライエントにとっては自分の音楽表現がフィードバックされることで自己の表現が確認できる。さらに、セラピストに受けとめてもらえたと感じることにより、二者間の信頼関係の構築に繋がっていく。セラピストはクライエントの音楽受容力を考慮し、音量や音色、音質を考えて提示する。あまたすぐにEchoするのではなく、少し《間》をおいて音を提示することがポイントになる。あまり即時的に提示すると、かえって混乱を生じさせてしまう。この《間》は呼吸を合わせていくことにも繋がっていく。

もう一つ、自閉症児の特徴として「こだわり」がある。一度入力された情報がパターン化し、新しい情報を入れにくくなってしまい、表現方法もパターン化され、固着化する。セッションでは、パターン的な表現から即時的な表現に移行させるべく、第3期からは即興音楽を用いてパターンからの脱却を試みた。

セラピストが「ラドミ」と言語指示すると、鍵盤を「ラドミ」と奏する。セラピストはラドミに合う音（三拍子）で即興的に支えていく。三拍子は、円環的な要素を含み、運動を引き出すことになる。また、記憶容量が高ければ、四つの音を指示するなど、いろいろと工夫できる。八小節を一区切りとして、次の指示を与えていく。

ここで重要なことは、一つのパターンを作り、すぐにパターンを崩していくこと。情報を記憶し、短期間で消去して新しい情報を入れるという、記憶の入力－消去を学習することである。すぐに行動に移すことができずパニックに陥ることもあったが、その場合は理樹君の弾きやすいパターンを提示して情緒の安定を図った。この試みは理樹君の音楽的な受容力、記憶容量、セラピストとの関係性が基盤となっている。

即興音楽と即興性

音楽療法では即興音楽を用いることが多い。音楽療法における即興音楽とは、クライエントとの関係性と音楽的な文脈から生じる《今ここで立ち上がる音楽》である。演奏家の即興演奏とは異なる部分である。

即興音楽では、セラピストの音楽的能力や演奏力はもちろんのこと、何よりもクライエントの的確なアセスメントが決め手になる。あくまでもクライエントのための即興音楽である。理樹君の場合、エネルギーが非常に強かったので、即興音楽でもそれに負けないエネルギーが必要となった。音量や音質、表情のつけ方など理樹君の表情、まなざし、呼吸、ピアノの弾き方、汗のかきかた、身体の緊張度などを考慮しながら音楽をつけていった。

その際、常に音楽を提供するのでなく、集中度が弱まって少し自分の世界へ入りかけた時など、音を止める《無音》という音の提供が効果的である。音楽療法では《有音》と《無音》のバランスがセッションの集中時間を継続させ、二者間の関係性を維持させる。《有音》から《無音》へ、再び《有音》になった時、音を音として知覚する。

既成曲は、耳慣れた音楽なので、安全で安心な空間を提供できるという大きな利点がある。理樹君が既成曲のメロディーを弾いて、セラピストが伴奏で支えるという構造は安心感をもってセッションを進めることになる。重要な点は、クライエントの状況に合わせた選曲と音楽の構造をどのように活用するかである。既成曲には、調性、拍子、テンポ、形式、歌詞などの構造があり、繰り返すことで音楽が記憶される。この音楽の構造を活用するのが即興性である。同じ曲でもテンポを変えたり調性を変えることで、基本の音楽は残しながら新しい要素を加えることができる。

音楽療法技法を応用して　理樹君の場合

障害児の音楽療法セッションでの選曲は、既成曲・即興音楽をクライエントの発達状況を考慮し、音楽療法の目標に即して柔軟に行うことが重要になる。既成曲は、耳なじんだ曲なので安心感をもって取り組め、クライエントの興味や関心をひくことができる。しかし、自閉症児の場合、その曲に固執することも多いので、テンポ、調性、伴奏などを少しずつ変えて提供しなければならない。

即興音楽は、クライエントとの関係性と音楽的な文脈の中で提供される《今ここで立ち上がる》オリジナルな音楽であり、既成曲では構造が強すぎるため、即興音楽を使わざるを得ない状況の場合にも活用できる。即興音楽はセラピストの感性、音楽性、音楽的な技術、何よりも的確なアセスメントが前提になる［土野研治「即興音楽療法の意義を考える――クライエントを触発するセラピストの音と音楽」『日本音楽療法学会誌』第十二巻一号、二〇一二年、参照］。

無理をして即興音楽でセッションするよりも既成曲の方が有効なことも多い。即興音楽では、ク

B　Background music（背景音楽）
E　Echo - T（反響技法）
D　Dialogue（対話）
M　Modeling（モデリング）
U　Unaccomplished - T（未解決技法）
S　Stimulative - T（刺激技法）
I　Iso - T（同質技法）
C　Call - T（呼びかけ技法）

ライエントの音楽の受容力、集中力、発声や歌唱の状況、楽器の操作性や演奏力、身体動作の特性などを的確に把握し、セッションに結び付けていくことが重要である。特にクライエントの呼吸、リズム、受容から表出までの時間などを考慮して音楽を提供していくことになる。

理樹君のレッスンで使用した音楽はどのような音楽療法の技法を活用したか、簡潔に触れておきたい。

松井紀和は、一九八八（昭和六十三）年に音楽療法技法として、ＢＥＤ－ＭＵＳＩＣを提唱した。ＢＥＤ－ＭＵＳＩＣは八つの技法の頭文字を並べたものである。

初期のセッション開始時に行ったオリジナル曲の一番・二番での、四分音符による「まさきくん　はあい」は、Modeling である。模倣機能を活用していることになる。また、セッション開始時に行うため、Call-T の要素も含まれるが、リズム変奏の要素も取り入れ、発展させている。

第2期からの『川はよんでる』は、Call-T である。セッション開始時と終了時に同じ音楽を用いるのは、一つの枠組みを提供し、「始まりと終了」という構造を明確にするためである。呼びかけ技法は、繰り返すことで音楽と場面の一致を理解させる効果を持つ。さらに、安心感から予測・期待感も促進することになる。

セラピストは、呼びかけながら、その日のクライエントの状況を観察していく。レッスンでは、始まりの音楽を一緒に弾きながら、理樹君の体調、情緒、身体、対人の様子を見ていく。またパターンから即時的な応答への移行として、ラソラ（まさきくん）ラソラ（はあい）から、ミレミ、ソファソ、ミレミのように、始まる音を変えたり、ミーレミ、ミレレミ、ミレーレミのように、リズムを変えることで、集中力を持続させる（十四頁参照）。

第3期で行った即興音楽はStimulative-Tを活用している。ラドミからファラドへと弾く音を変えるが、少し慣れたらそれまでとは異なる音楽を提供することで（この場合は言語指示による）、内的な葛藤を起こさせ、解決させる。あるパターンから新たなパターンに対応させた。

第4期以降、既成曲を用いる場合、曲やフレーズの最後の音を自分で解決させるためにUnaccomplished-Tを活用した。要は、すべてセラピストが解決してしまわないことである。

第3期以降、あまり多くはないが、理樹君の声やピアノの表現に対してはEcho-Tを用いた。クライエントの表出したリズムやメロディーなどを「より音楽的に＝より美的に」反響する技法であり、早期の母子関係にも類似している。自閉症児の特徴の一つにエコラリア（反響言語）がある。話しかけられた通りに「オウム返し」していくため、会話としては成立しにくい。Echo-Tでは、セラピストがクライエントの音楽表現を反響していく。

以上のようにレッスンにおいて音楽療法の技法を活用することによって、より新鮮で意味のある音楽を提供できたと思われる。

ピアノ連弾での配慮事項

理樹君が高音域でメロディーを弾き、セラピストが低音域で伴奏を行うが、その際の配慮すべき点を検討する。

(1) メロディーを記憶・再現させる場合

① フレーズごとに(二小節・四小節ずつ)モデリングし、記憶させる
② 音名で指示し、聴覚的に記憶させる
③ フレーズごとに(二小節・四小節ずつ)のメロディーをセラピストが弾き、視覚的に記憶させる
④ クライエントにメロディーを弾かせながら次の音をセラピストが指で示す
⑤ セラピストがメロディーのハーモニーを奏し、クライエントにハーモニーからメロディーを自分で再現させる

（2）伴奏での配慮事項

① 前奏はテンポを明確に提示する

② 前奏を弾きながらクライエントの様子を観察し、指示の仕方を工夫する

③ はじめは複雑な伴奏を付けずにシンプルな音楽で支える

④ メロディーが少しずつ弾けるようになってきたら、メロディーを確認させられるように伴奏を減らしたり、よりダイナミックな伴奏で音楽に彩りをつける。

ピアノレッスンから音楽療法セッションへ

「教えること」から「共に奏でること」へ

これまで述べてきたように、十四年間行われた一三八回のレッスンは、理樹君の変容と共に私自身の変容でもあった。それは、ピアノ教師から音楽療法士への変容でもあった。もちろん障害児教育に携わっている経験をもとにしたアセスメントや音楽の関わりではあったものの、経験のみが前面に出ていたと思われる。肢体不自由児の特性は理解していたが、知的障害や自閉症の子どもと接する機会が少なく、どのように接したらよいか、試行錯誤のレッスンでもあった。

一九八七（昭和六十二）年、埼玉県長期研修生として一年間、淑徳大学で学んだことは、大きな分岐点となった。発達的視点は宇佐川浩先生の「感覚と運動の高次化」理論であり、心理療法を背景とする音楽療法は、日本臨床心理研究所主催の音楽療法セミナーの講義や事例発表が大きな核となった。

音楽的な基盤は、大学卒業以降も声楽のご指導を仰いだ畑中良輔先生[*1]の音楽に向かう姿勢や著作〔土野研治『畑中良輔の世界』江古田文学九十九号、二〇一八年を参照〕、ヨーロッパで長く活躍された西内玲先生[*2]の発声法や音楽の考え方、また旧版のあとがきにも書かせていただいた聖天山歓喜院の鈴木英全院主様（聖天山は二〇一二年七月に本堂が国宝に指定され、開創八四〇年の二〇一九年四月には二十三年ぶりの秘仏ご本尊のご開扉が行われた）、比叡山の上原行照大阿闍梨様（比叡山明王堂の輪番を経て現在は近江八幡市の比叡山別院伊崎寺の住職となられた）、清水寺の森清範貫主様（二〇〇七年、清水寺大講堂円通殿で「土野研治バリトンリサイタル」を、二〇一四年、「日瑞音楽交流プロジェクトのコンサート」を行わせていただいた。二〇一六年には「土野研治独唱会」の題字をいただいた）よりいただいた時間やお諭《さと》しは、私にとって癒しとでもいうべき空間と時間であった。

こうした貴重な時間のすべてが、理樹君のレッスンと演奏に反映されていったと考えられる。当時は、現在のような日本音楽療法学会のカリキュラムがまだ整備されていたわけではなく、個々の研究会や音楽療法セミナーを通して学び、それと実践の集積であった。特に養護学校で日常生活全般の指導や介助を経験したことは、音楽療法士としての基盤であり、自負でもある。

実践と研究の両輪がバランスよく行われることが理想ではあるが、現実的には難しい。アカデミズムに対するコンプレックスは今も強く私の中に存在している。理樹君以外の子どものセッションビデオを見ると、私の音楽で変えていくという気持ちが、音の強さ、硬さ、関係性の硬さにも現れている。それは私の防衛と捉えることができる。

少しずつ硬さが取れてきたのは、四十歳を過ぎたころからである。クライエントと一緒に音楽を奏でることへの節目でもあった。そのころから私の提供する音が柔軟になり、少しずつ優しくなったと考えている。それは理樹君や多くの障害のある子どもたちによって育てられた音や声であろう。一方で音を磨く時間、自分の音楽を育てる時間は次第に削られていく。いかに自分の音楽に耳を傾け、自己を維持するための時間を確保するか、それは音楽療法士の大きな課題である。しなやかな感性を失ったら、音楽療法で生きた音楽を提供することはできない。

レッスンでは、音楽表現を豊かにするため、楽譜に書かれている作曲家の意図を再現するための知識と技術を教えることが第一義となる。しかし、技術は目的ではなく、あくまで手段であり、自分が何を表現したいのかを明確に認識することが前提となる。そのためには幼少期に楽譜を正確に読むこと、奏法の基礎を学習することが必要である。

稀代の名ソプラノで、これほど絶妙なピアニッシモがあるだろうかと思われるモンセラット・カバリエは、発声の基礎が呼吸であり、それを司るのが筋肉であると語っている。音楽大学での体育大学を彷彿とさせる基礎トレーニングは、お腹に重しを乗せて行われる呼吸訓練が続き、多くの学生が大学を去っていったという。しかし、カバリエはその筋肉に記憶させる訓練のおかげでどれだけの名声を得ただろうか。技術とは、そういうものであろう。後年、エイズで亡くなったロックスター、フレディ・マーキュリーとのコラボレーションでも圧倒的な歌唱を披露し、大きな支持を得た。

音楽療法は、クライエントの内在する音楽をセラピストが適切な距離感をもって動かし、共有することである。この距離感が適度な緊張感（良い意味でピンと張った空間）を作り出し共に音楽で対峙することである。

音楽療法士の養成で重要な点は、音楽療法を体系的に学ぶことであるが、その基盤となるのが小集団ワークを通した《人に触れる》ことから《自己に気づく》営為である。音楽療法はクライエントにセラピストの《音に触れ》てもらい、クライエント自身が《音と触れる》構造の基盤を作ることである。

＊1　畑中良輔先生のこと

先生のご逝去後に、ご子息の貞宏さんから書斎の整理を頼まれた。本書（三三頁）に先生のご自宅でのレッスンの写真が掲載されている。これは建て直す前のレッスン室であり、先生ご自身が撮ってくださった。

新しい書斎にも楽譜と蔵書、ＣＤが溢れている。一冊ずつ丁寧に確認していった。その作業は一人で行ったが、貴重な資料に身を置いた贅沢な時間であった。先生の楽譜に書かれた訳詞、メモ、夥しい資料。「ああ、こうやって勉強するのか」と思いながら、家に残すもの、寄贈するもの、処分するものなど、二年近くは通ったように思う。その貴重な資料は、客員教授であった東邦音楽大学川越キャンパス図書館「畑中良輔ライブラリー」として寄贈された。開館は二〇一八（平成三十一）年十月七日。この日は私の誕生日であり、何よりの誕生日プレゼントとなった。

私は先生の書かれる達筆な文字がとても好きで、先生のような字が書きたいと憧れた。先生と同じ原稿用紙を名入りで作ったほどだが、もとは片岡鉄平氏が使っていた原稿用紙を畑中先生が同じに作ったとお聞きしている。

なお、「私の先生　心の支え　畑中良輔先生」と題して『音楽文化の創造65』（二〇一二年、財団法人音楽化創造）に、追悼文が掲載された。

＊2　西内玲先生のこと

玲先生は、スイスのルツェルン歌劇場の専属歌手として昭和四〇年代にヨーロッパで活躍された。現在とは異なり、日本人がヨーロッパの歌劇場で専属歌手になることは希有な時代であった。スイスのバーゼル歌劇場の指揮者であったご主人のフォルカー・レニッケ先生と一九七六（昭和五十一）年に帰国された。私は一九八三（昭和五十八）年頃から亡くなるまで先生のレッスンを受けた。晩年は福岡県の糸島市に転居され、自然の中で過ごされていた。おいしい空気と水、静けさ、食材の良さで「糸島に来て一日も嫌だと思った日はない」と話されていた。

レッスンのたびに先生から「Ich singe」はない、あるのは「Es kommt」だと言われ続けた。

「自分が歌おうなんて思わないこと。身体の準備ができれば音楽は来てくれる。音楽はすでにあるのだから、その音楽をあなたの息で動かしなさい。息が先で、その上に声を乗せればよい。そのためには、音楽との距離を考えること。自分の中に音楽を入れてはならない。凧揚げのように、凧が揚がっているためには常に糸を引いていなければならない。音楽に置き換えると、常に身体の中が動いていること、これが音楽と遊ぶことである。また自分の声を聴くと息の流れが止まるので、常に身体の状態を考えて息を動かしなさい。見えない音楽を見ること……」

まるで禅問答のようであるが、こうしたことが実感できたのは、ここ数年である。息を動かすためのトレーニング、唇、舌の使い方など、丁寧に教えていただいた。それは、私が中学三年生からレッスンを受けていた西内静先生の教えをより言語化したものであった。音楽療法との共通性を見出すこともできた。セッションにおいても声は重要な楽器である。相手に届く声は身体の在りようと深く結びついている。

糸島では伺うたびに、「新しいレストランを見つけたよ」と、レニッケ先生の運転で出かけた。非日常の贅沢な時間であった。最後は緩和ケアの病室で、いつもは「じゃあね」が挨拶だったが、その日は「さようなら」と言われた。それが最後の言葉と先生の声であった。病室を出るとき覚悟を決めた。

増補版へのあとがき

五月一日に平成から令和に元号が変わった記念すべき年に、本書をお届けできることは大きな喜びです。この十九年間を振り返り、時間の過ぎていく速さを実感しています。この間に社会状況や価値観も大きく変わりました。二〇一一年の東日本大震災、二〇一七年の熊本地震などの自然災害やメディアで紹介される事故や虐待など、〈生きる〉ことの意味を考えざるを得ない毎日です。

パソコンや携帯電話の発達とともにコミュニケーションが希薄になり、人と人が向かい合うことが少なくなりました。半面新しいツールによりコミュニケーション方法が拡がった障害のある人も多くいます。理樹君はピアノの演奏を通して、自己の表現方法を見つけました。今、作業所に通いながら穏やかな生活をおくっています。

大切な人との別れがありました。

すでに述べた宇佐川浩先生、畑中良輔先生、西内玲先生。日本音楽療法学会名誉理事長であり

《生きるという姿勢》を示してくださった日野原重明先生、そして両親と兄。

日野原重明先生には拙著『障害児の音楽療法――声・身体・コミュニケーション』の推薦文をいただきました。

「この本は、初版にも強調されていた『〈繋がり〉への根源へ』というテーマをより深く追求し、すべてが移り変わる中で、クライエントとのコミュニケーションにおいて変わらない核となるものは何なのか、をより鮮明にしたという特色を持っています」

かつて『心ひらくピアノ』（旧版）をお送りした折にも、日野原先生は「八月二十二日付　心にひびくお便りとご高著『心ひらくピアノ』をお送り下さり、吸い込まれるように一気に読み、非常な感動を覚えました」と、すぐにお手紙を下さり、その後も多くのご教示をいただきました。私の音楽療法や演奏活動も見守ってくださいました。先生の行動力と「人のために」という姿勢は忘れることができません。日本音楽療法学会理事会や研究会などでご一緒したことは貴重な時間でした。何か新しく試みることに興味を示された先生は、昨年から始まった東京ホワイトハンドコーラス（聴覚障害児の手歌と視覚障害児の歌唱を中心としたコーラス）の歌唱指導にも、強く興味を示されたと思います。

出版にあたり、春秋社の神田明社長、編集部の高梨公明さんにも大変お世話になりました。私の怠惰ゆえに、本書の出版を温かく見守って下さった故澤畑吉和社長にお読みいただけないのは忸怩たる思いです。神田会長、澤畑社長、高梨さんと春秋社で打ち合わせをした時の、本に対する厳しくも温かい言葉の数々が今も耳に心に残っています。多くの感謝を込めて。合掌。

令和元年七月二十一日

虚空庵にて　土野研治

プロフィール

土野研治（つちの けんじ）

1955年、東京生まれ。65年から70年までNHK東京放送児童合唱団に在籍し、放送やレコーディングに参加した。1978年、国立音楽大学声楽科卒業。埼玉県内の特別支援学校に勤務し、音楽療法の実践研究を行う。音楽教育振興賞、埼玉県教育委員会教育長表彰、下總皖一音楽賞を受賞。2009年、スカンジナビア・ニッポン　ササカワ財団の助成により「日瑞音楽交流プロジェクト」を設立し、東京、京都、スウェーデンでコンサートおよび音楽療法士との交流を行った。NHK洋楽オーディション、日本演奏連盟新人オーディションに合格。音楽の友ホール、清水寺円通殿大講堂などでバリトン独唱会を行った。2018年7月よりエル・システマジャパンの活動で、都内の盲学校に通う子どもを中心としたホワイトハンドコーラス声隊を指導している。現在、日本大学芸術学部教授。平成音楽大学客員教授、日本音楽療法学会認定音楽療法士、日本音楽療法学会副理事長、日本芸術療法学会理事。著書に『障害児の音楽療法――声・身体・コミュニケーション』（春秋社）がある。

心ひらくピアノ　自閉症児と音楽療法士との14年

2000年11月20日　初　版第1刷発行
2019年9月20日　増補版第1刷発行

著者©＝土野研治
発行者＝神田　明
発行所＝株式会社　春秋社
〒101-0021 東京都千代田区外神田2-18-6
電話　(03)3255-9611(営業)・(03)3255-9614(編集)
振替　00180-6-24861
http://www.shunjusha.co.jp/
印刷・製本＝萩原印刷株式会社

ISBN 978-4-393-93603-0 C0073
定価はカバー等に表示してあります

レッスンで使用した曲目リスト

番号	曲目	作詞/作曲	調性	拍子
1	オリジナル 第１曲	土野研治作曲	ハ長調	4／4
2	第２曲		ハ長調	4／4
3	第３曲		ハ長調	3／4
4	第４曲		ハ長調	3／2
5	第５曲		ハ長調	3／4
6	第６曲		ハ長調	4／4
7	第７曲		ハ長調	3／4
8	第８曲		ハ長調	3／4
9	第９曲		ハ長調	3／4
10	第10曲		ハ長調	4／4
11	第11曲		ハ長調	3／4
12	第12曲		ハ長調	4／4
13	第13曲		ハ長調	3／8
14	第14曲		ハ長調	4／4
15	かえるがないた	安田進作詞/作曲	ハ長調	4／4
16	ぶんぶんぶん	村野四郎/ボヘミア民謡	ハ長調	4／4
17	川はよんでる	水野汀子/ベアール	ハ長調 (ト長調)	3／4
18	かっこう	小林純一/ドイツ	ハ長調 (ト長調)	3／4

番号	曲目	作詞/作曲	調性	拍子
19	喜びの歌	ベートーベン作曲	ハ長調	4／4
20	メリーさんのひつじ	高田三九三/アメリカ民謡	ハ長調	4／4
21	聖者が町にやってくる	小林幹治/アメリカ民謡	ハ長調	4／4
22	赤いくつ	野口雨情/本居長世	イ短調	4／4
23	だるまさん	小山章三作詞/作曲	ハ長調	4／4
24	ちょうちょう	野村秋足/スペイン民謡	ハ長調	4／4
25	翼を下さい	山上路夫/村井邦彦	ハ長調	4／4
26	ふれあい	山川啓介/いずみたく	イ短調 ニ短調	4／4
27	若者達	藤田敏雄/佐藤勝	ハ長調	4／4
28	おもちゃのチャチャチャ	野坂昭如/吉岡治	ハ長調	4／4
29	ドレミの歌	ペギー葉山日本語詞/R・ロジャーズ	ハ長調	2／4
30	四季の歌	あらきとよひさ作詞/作曲	イ短調 ニ短調	4／4
31	歌えバンバン	阪田寛夫/山本直純	ハ長調	4／4
32	ジングルベル	宮沢章二/ピアポント	ハ長調	4／4
33	キラキラ星	たなかすみこ/外国民謡	ハ長調 ヘ長調	4／4
34	チューリップ	近藤宮子/井上武士	ハ長調	2／4
35	むすんでひらいて	作詞者不詳/ルソー	ハ長調	2／4
36	お正月	東くめ/滝廉太郎	ハ長調	4／4
37	遠くへ行きたい	永六輔/中村八大	ニ短調	4／4
38	贈る言葉	武田鉄矢/千葉和臣	ハ長調	4／4
39	小さな世界	R・M・シャーマン/R・B・シャーマン	ハ長調	4／4

番号	曲目	作詞/作曲	調性	拍子
40	愛燦々	小椋佳作詞/作曲	ハ長調	4／4
41	愛の挨拶	エルガー作曲	ハ長調	4／4
42	まっかな秋	薩摩忠/小林秀雄	ハ長調 ヘ長調	4／4
43	もみじ (文部省唱歌)	高野辰之/岡野貞一	ハ長調 ヘ長調	4／4
44	きよしこの夜	由木康訳詩/クルーバー	ハ長調	6／8
45	赤鼻のトナカイ	新田宣夫日本語詞/J・マークス	ハ長調	2／2
46	さんぽ	中川李枝子/久石譲	ハ長調	4／4
47	見上げてごらん夜の星を	永六輔/いずみたく	ト長調	4／4
48	森へ行きましょう	東大音感合唱団訳詞/ポーランド民謡	ヘ長調	3／4
49	エーデルワイス	O・ハマースタイン/R・ロジャース	ハ長調	3／4
50	ビューティフル・サンデー	松本隆訳詞/ RedMcQueen & D・Boone	ハ長調	4／4
51	赤とんぼ	三木露風/山田耕筰	ハ長調	3／4
52	上を向いて歩こう	永六輔/中村八大	ハ長調	4／4
53	サザエさん	林春生/筒美京平	ハ長調	4／4
54	故郷（ふるさと）	高野辰之/岡野貞一	ハ長調	3／4
55	春が来た	高野辰之/岡野貞一	ハ長調	4／4
56	春の小川	高野辰之/岡野貞一	ハ長調	4／4
57	ふじの山	巌谷小波/作曲者不詳	ハ長調	4／4
58	僕たちの青い鳥	土野研治作詞/作曲	ハ長調	4／4
59	線路は続くよどこまでも	佐木敏/アメリカ民謡	ハ長調	4／4
60	川の流れのように	秋元康/見岳章	ハ長調	4／4

番号	曲目	作詞/作曲	調性	拍子
61	夏の思いで	江間章子/中田喜直	ハ長調	4／4
62	浜辺の歌	林古渓/成田為三	ヘ長調	6／8
63	春よ来い	松任谷由美作詞/作曲	イ短調	4／4
64	知床旅情	森繁久弥作詞/作曲	ハ長調 ヘ長調	3／4
65	白いブランコ	小平なおみ/菅原進	ハ長調	4／4
66	愛しのエリー	桑田佳祐作詞/作曲	ハ長調	4／4
67	トルコ行進曲	モーツァルト作曲(K331)	イ短調 ハ長調	2／4
68	クリスマスイヴ	山下達郎作詞/作曲	ハ長調	4／4
69	トロイカ	音楽舞踊団カチューシャ訳詞 /ロシア民謡	イ短調	4／4
70	おおきな栗の木の下で	作詞/作曲者不詳	ハ長調	2／4
71	ひとりの手	A・コムフホット/P・シーガー	ハ長調	2／2
72	花	武島羽衣/滝廉太郎	ハ長調	2／4
73	荒城の月	土井晩翠/滝廉太郎	イ短調	4／4
74	エリーゼのために	ベートーヴェン作曲	イ短調	3／4
75	今日の日はさようなら	金子昭一作詞/作曲	ハ長調	3／4
76	かあさんの歌	窪田聡作詞/作曲	イ短調	4／4
77	男はつらいよ	星野哲郎/山本直純	ハ長調	4／4
78	ハッピー バースデー トゥーユー	P・S・ヒル, M・J・ヒル	ハ長調	3／4
79	神田川	喜多条忠/南こうせつ	イ短調	4／4
80	子守歌	シューベルト作曲	ハ長調	4／4
81	あなた	小坂明子作詞/作曲	ハ長調	4／4

番号	曲目	作詞/作曲	調性	拍子
82	もしもピアノが弾けたなら	阿久悠/坂田晃一	ハ長調	4／4
83	たなばたさま	権藤花代・林柳波/下總皖一	ハ長調	2／4
84	交響曲第5番のテーマ	ベートーヴェン作曲	ハ短調	4／4
85	星に願いを	W・ディズニー作詞/作曲	ハ長調	4／4
86	マイ・ウェイ	岩谷時子訳詞/ J・Revaux, C・Francois	ハ長調	4／4
87	黒の舟歌	牧吉利人/桜井順	イ短調	4／4
88	およげ！たいやきくん	高田ひろお/佐瀬寿一	ニ短調	4／4
89	クラリネットをこわしちゃった	石井好子訳詞/フランス民謡	ハ長調	2／2
90	手のひらを太陽に	やなせたかし/いずみたく	ハ長調	4／4
91	山口さんちのツトム君	みなみらんぼう作詞/作曲	ハ長調	4／4
92	小さい秋見つけた	サトウハチロー/中田喜直	ホ短調	4／4
93	てんとう虫のサンバ	さいとう大三/馬飼野俊一	ハ長調	4／4
94	忘れな草をあなたに	木下竜太郎/江口浩二	イ短調	4／4
95	もろびとこぞりて	賛美歌より	ハ長調	2／4
96	野ばら	シューベルト作曲	ハ長調	2／4
97	野ばら	ウェルナー作曲	ハ長調	6／8
98	ほたるの光	稲垣千頴/スコットランド民謡	ハ長調	4／4
99	だんご3兄弟	佐藤雅彦・内野真澄/ 内海真澄・堀江由朗	ハ短調	4／4
100	北国の春	いではく/遠藤実	ハ長調	4／4
101	襟裳岬	岡本おさみ/吉田拓郎	ハ長調	4／4
102	われは海の子	宮原晃一郎/作曲者不詳	ハ長調	4／4
103	オー ソレ ミオ	イタリア民謡	ハ長調	4／4

番号	曲名	作詞/作曲	調性	拍子
104	フニクリ　フニクラ	青木爽・清野協/デンツァ	ハ長調 へ長調	6／8
105	大きな古どけい	保富康午/ワーク	ハ長調	4／4
106	夢の世界を	芙龍明子/橋本祥路	ハ長調	6／8
107	夜空ノムコウ	スガシカオ/川村結花	へ長調	4／4
108	別れても好きな人	佐々木勉作詞/作曲	ニ短調	4／4
109	少年時代	井上陽水作詞/作曲	ハ長調	4／4
110	仰げば尊し	作詞者不明/外国曲	ハ長調	6／8
111	スキー	時雨音羽/平井康三郎	ハ長調	4／4
112	ＴＳＵＮＡＭＩ	桑田佳祐作詞/作曲	ハ長調	4／4
113	時代	中島みゆき作詞/作詞	ハ長調	4／4
114	ともだち賛歌	阪田寛夫/アメリカ民謡	ハ長調	4／4
115	おおブレネリ	松田稔/スイス民謡	ハ長調 へ長調	4／4

〔参考楽譜〕

「歌集美しい星」正進社
「歌謡1001」全音楽譜出版社
「日本童謡唱歌全集」ドレミ楽譜出版社
藍川由美校訂・編「日本の唱歌」音楽之友社

ぼくたちの青い鳥
作詞
作曲
土野研治
(1997.　)
Modenato. のびやかに
あおいとりどこ
あおいとりここ
あおいとりどこ
あおいとりここ

(8) オリジナル曲「ぼくたちの青い鳥」

る
ぼくらのこころに
rit
しあわせはい
rit
a tempo
8oct.
a tempo
Fine
ぼくたちの青い鳥
（土野研治）
青い鳥どこ
青い鳥ここ
青い鳥どこ
青い鳥ここ
ぼくの近くに
青い鳥はいる
それに気づかない
ぼくらもいる
幸せはどこ
幸せはここ
ぼくらの近くに
幸せはいる
ぼくらの近くに
幸せはいる